R

# Para Sorprender

KÖNEMANN

# Envoltorios con encanto

Una presentación vistosa disparará las ventas en el próximo bazar al que asista y añadirá un toque personal exquisito a la hora de regalar los productos presentados en este libro.

A veces, el envoltorio más sencillo resulta el más atractivo: papel de regalo de colores con cintas llamativas, o una composición basada en la playa o la montaña. Con objetos baratos y materiales reciclables –jarrones y tarros viejos, papel de embalar y cartulina, flores, conchas, tela, cintas de papel y pañitos de adorno, rafia y cajas con infinitas posibilidades– se pueden realizar miles de combinaciones, obteniendo un resultado fantástico.

**Papel de regalo.** Con sus múltiples colores y texturas, resulta la forma más sencilla de envolver la mayoría de productos. Utilice papel de seda de colores brillantes, celofán transparente o de colores, u hojas y pétalos de papel hechos a mano. Incluso el papel de periódico puede utilizarse con imaginación; y el papel satinado estampado (aunque resulta caro) es otra solución. El papel de embalar constituye una buena opción a la hora de envolver los dulces, en forma de caramelo y atado con cinta de colores de yute.

Personalice el papel de regalo: cubra papel fuerte con estampados hechos con tampones de patata; utilice pintura metálica o de colores en espray para obtener un efecto moteado; use plantillas o decórelo con adhesivos.

En lugar de las típicas fundas de tela, cubra los tarros de conserva con papel de embalar arrugado; envuelva la parte superior con cinta en forma de paquete y remátelo con una borla de cintas. Para ello, corte ocho o diez trozos de cinta de longitud similar, átelas en un nudo en el centro, dóblelas por la mitad y ate un poco los cabos, más abajo del nudo superior.

**Pañitos de adorno.** Son ideales para tapar los tarros. Utilícelos para forrar cajas y fuentes, pintados, lisos o como plantilla.

Disponga el pañito sobre la superficie a la que desea copiar (papel o tela). Píntelo con un pincel o pintura en espray. Antes de retirar la plantilla, déjelo secar.

**Papel crep.** Es uno de los envoltorios más utilizados, debido a que sus colores brillantes y su textura permiten dar un toque de festividad a los regalos. Úselo para fabricar pequeñas bolsas.

Corte el papel crep en cuadrados o rectángulos de la misma medida, dóblelos por la mitad

(longitudinalmente si son rectángulos) y agujeree uniformemente cada lado. Corte tiras finas de papel crep y páselas a través de los agujeros, anudando los cabos. Ponga encima los objetos que desea envolver y ate la parte superior con una cinta.

**Botellas.** Existen botellas cuyas formas y colores ofrecen muchas posibilidades. Adorne una botella de vinagre de hierbas con un lazo de rafia anudado alrededor del cuello o el asa.

**Cajas viejas.** Para utilizarlas de nuevo, píntelas, fórrelas con papel o adórnelas con cintas. Si agujerea los extremos de la parte inferior de una caja lisa y la ata con lazos, obtendrá una preciosa presentación para sus galletas y bizcochos.

Adquiera cajas de regalo estampadas, de cartón piedra o satinadas y déles un toque personal forrándolas con tela de colores de diferentes texturas. Adórnelas con galones o cintas.

**Tarros de terracota.** Tarros, bandejas, cuencos y cestas de terracota son exquisitos recipientes para presentar la comida. Un tarro grande envuelto en celofán transparente y rematado con cinta o cordel de colores es ideal para envolver un pastel de fruta, galletas o dulces. Para presentar unas magdalenas hechas en casa resulta perfecto un económico paño de cocina.

Si desea crear una combinación basada en la playa, envuelva cajas y tarros con papel hecho en casa o calicó, y ate una cuerda alrededor de éstos. Pegue conchas y otros objetos marinos con cola y cinta adhesiva, o simplemente afiáncelos bajo la cuerda.

**Rafia, cuerda y cintas de papel.** Estos elementos decorativos combinan muy bien con papeles naturales o de embalar, calicó y muselina.

Forme cascadas o lazos con cintas atravesadas con alambre de diferentes longitudes, motivos y colores. Rodajas de fruta en conserva, tiras de corteza de cítricos y uvas o bayas frescas, así como flores frescas o secas, son elementos especialmente decorativos para adornar la parte superior de los tarros. Finalice la presentación con tarjetas de felicitación de cartulina o papel grueso.

*Decore sus regalos con conchas, flores, hojas, tela, cartulina, botellas y tarros con miles de posibilidades, y, finalmente, añada un toque de imaginación.*

# Pasteles, pastelitos y galletas

Nuestros postres preferidos de toda la vida, con alguna variación, horneados en casa, seguro que no dejan a nadie indiferente al pasar por su puesto del bazar. Si desea que resulten un regalo inolvidable, envuélvalos en bonitas cajas o papel de colores.

## Magdalenas de arándanos

*Tiempo de preparación:*
20 minutos
*Tiempo de cocción:*
15–20 minutos
*Para 14 unidades*

*2 tazas de harina blanca*
*2½ cucharaditas de levadura en polvo*
*¼ cucharadita de bicarbonato de sosa*
*una pizca de sal*
*⅔ taza de azúcar extrafino*
*1 ó 2 cucharaditas de ralladura de limón*
*1 taza de arándanos frescos*
*1 huevo*
*1 taza de leche*
*90 g de mantequilla, fundida*

**1.** Precaliente el horno a 180ºC. Unte 14 cápsulas de papel con capacidad para ⅓ taza con mantequilla o aceite. Tamice la harina, la levadura, el bicarbonato y la sal, y póngalo en un cuenco. Añada el azúcar y la ralladura; remuévalo bien. Incorpore los arándanos.

**2.** En un jarro grande, bata los huevos, la leche y la mantequilla enfriada. Viértalo en el cuenco con los ingredientes tamizados. Con una cuchara metálica grande, mézclelo bien, pero con rapidez, hasta obtener una masa homogénea.

**3.** Con una cuchara, ponga la masa en las cápsulas de papel hasta llenar ⅔ de su capacidad. Hornee las magdalenas 15 ó 20 minutos, o hasta que la masa haya subido y estén un poco doradas; o bien hasta que al clavar una brocheta en el centro, ésta salga limpia. Déjelas en los moldes durante 3 ó 5 minutos y póngalas sobre una rejilla metálica para que se enfríen.

> **Consejo**
> Si utiliza arándanos congelados, añádalos en el último momento, todavía congelados. También puede utilizar frambuesas frescas o congeladas. Una vez frías, puede untar las magdalenas con una fina cobertura de limón.

*Magdalenas de arándanos (arriba) y Pastel de chocolate familiar*

## Pastel de chocolate familiar

*Tiempo de preparación:*
15 minutos
*Tiempo de cocción:*
50 minutos
*Para un pastel redondo de 20 cm*

*1½ tazas de harina de fuerza*
*½ taza de cacao en polvo*
*1 taza de azúcar extrafino*
*200 g de yogur natural*
*2 huevos*
*200 g de mantequilla, fundida*
*50 g de chocolate negro, rallado*

***Cobertura***
*50 g de chocolate negro, en trozos*
*50 g de mantequilla*
*½ taza de azúcar glas*
*1 ó 2 cucharadas de yogur o crema agria*

1. Precaliente el horno a una temperatura moderada de 180ºC. Unte un molde hondo, de 20 cm de diámetro, con aceite o mantequilla fundida. Forre la base y las paredes con papel y engráselo.
2. Ponga la harina, el cacao en polvo y el azúcar en una batidora. Añada el yogur, los huevos y la mantequilla. Bátalo durante 15 segundos o hasta obtener una mezcla homogénea. Incorpore el chocolate rallado y siga batiendo hasta mezclar bien los ingredientes.
3. Vierta la masa en el molde y alise la superficie. Hornee el pastel durante 50 minutos, o hasta que al clavar una brocheta en el centro, ésta salga limpia.
4. Deje el pastel en el molde durante 10 minutos antes de volcarlo sobre una rejilla metálica para que se enfríe.
5. ***Para preparar la cobertura:*** Ponga el chocolate en un bol refractario pequeño. Dispóngalo dentro de una cacerola con agua apenas hirviendo y remueva hasta que se funda el chocolate. Retírelo del fuego. En un bol pequeño, bata la mantequilla y el azúcar glas con una batidora eléctrica hasta que la mezcla esté homogénea y cremosa. Añada el chocolate y el yogur o la crema agria; bátalo bien hasta mezclarlo. Con una espátula, extienda uniformemente la cobertura sobre la superficie del pastel. Si lo desea, decórelo con fresas frescas.

> **CONSEJO**
> Cuando funda el chocolate, evite que entre en contacto con cualquier tipo de líquido. De lo contrario, el chocolate se convertiría en una masa poco homogénea y resultaría muy difícil untarlo sobre el pastel.

## Barritas de muesli

*Tiempo de preparación:*
10 minutos
*Tiempo de cocción:*
45 minutos
*Para 24 barritas*

*125 g de mantequilla sin sal*
*½ taza de azúcar extrafino*
*½ taza de azúcar moreno, poco firme*
*2 cucharadas de miel*
*3½ tazas de muesli sin tostar*
*¾ taza de coco rallado*
*1 cucharadita de canela molida*
*½ taza de guindas, en trozos*
*½ taza de sultanas*
*½ taza de pasas de Corinto*

1. Precaliente el horno a una temperatura de 160ºC. Unte un molde rectangular de 30 x 20 cm con aceite o mantequilla fundida. Forre la base y las paredes con papel y engráselo.
2. En una cacerola pequeña, mezcle la mantequilla, los dos tipos de azúcar y la miel. Remuévalo a fuego lento hasta que el azúcar se disuelva y la mantequilla se funda. Retírelo del fuego.
3. Ponga el muesli, el coco, la canela, las guindas, las sultanas y las pasas en un cuenco grande. Remuévalo hasta mezclarlo bien. Forme un hueco en el centro. Vierta la mezcla de mantequilla sobre estos ingredientes y remuévalo

*Barritas de muesli*

todo muy bien.

4. Ponga la masa en el molde y presiónela firmemente. Con un cuchillo afilado, marque la superficie de la masa en 24 barras iguales. Hornéelo durante 35 minutos, baje la temperatura del horno a 120ºC y continúe la cocción durante 10 minutos más. Déjelo en el molde durante 15 minutos y vuélquelo sobre una rejilla metálica para que se enfríe. Cuando se haya enfriado por completo, córtelo en barritas. Las Barritas de muesli se conservan hasta una semana en el frigorífico, en el interior de un recipiente hermético.

**Nota:** Si lo desea, decórelas con chocolate fundido con la ayuda de una manga pastelera.

## Mantecadas

*Tiempo de preparación:*
20 minutos
*Tiempo de cocción:*
25 minutos +
30 minutos en el frigorífico
*Para 2 mantecadas redondas*

*250 g de mantequilla, en trozos*
*½ cucharadita de esencia de vainilla*
*¾ taza de azúcar glas*
*2 tazas de harina blanca*
*½ taza de harina de arroz*

**1.** Precaliente el horno a una temperatura moderada de 180ºC. Forre dos bandejas de horno con papel parafinado.
**2.** Con una batidora eléctrica, bata la mantequilla y la esencia de vainilla en un cuenco pequeño hasta obtener una mezcla ligera y cremosa. Póngala en un cuenco grande. Añada el azúcar glas tamizado y siga batiendo durante otro minuto.
**3.** Con una cuchara de madera, incorpore los dos tipos de harina tamizados, una cucharada cada vez, y mézclelos bien con los ingredientes del cuenco. Reserve la masa en el frigorífico durante 30 minutos, hasta que esté firme. Divídala en dos porciones. Aplánelas un poco y forme un círculo con cada una de ellas, entre dos hojas de papel parafinado, hasta obtener un grosor de 5 ó 6 mm. Con cuidado, póngalas en las bandejas de horno.
**4.** Decore el borde de los círculos con los dedos o un tenedor. Pinche la superficie con una brocheta. Marque 8 porciones en cada círculo. Hornee las mantecadas de 20 a 25 minutos, o hasta que estén doradas y crujientes. Córtelas en porciones. Póngalas sobre una rejilla metálica y deje que se enfríen.

## Pastel de jengibre y melaza

*Tiempo de preparación:*
30 minutos
*Tiempo de cocción:*
50–60 minutos
*Para un pastel en forma de corona de 22 cm*

*pan duro rallado fino o copos de maíz desmenuzados*
*125 g de mantequilla, reblandecida*
*½ taza de azúcar moreno*
*⅓ taza de melaza negra*
*3 huevos*
*2 tazas de harina blanca*
*1 cucharadita de bicarbonato de sosa*
*2 cucharaditas de clavos de especia molidos*
*1 cucharadita de canela molida*
*1 cucharadita de jengibre rallado*
*⅔ taza de crema agria*
*100 g de jengibre en almíbar, finamente picado y con el almíbar, o ½ taza de jengibre troceado en conserva*

***Glaseado de limón***
*⅔ taza de azúcar glas*
*1 ó 2 cucharadas de zumo de limón*
*50 g de mantequilla, reblandecida*

**1.** Precaliente el horno a 160ºC. Unte un molde hondo en forma de corona, de 22 cm, con mantequilla fundida o aceite. Cubra la base con pan rallado o copos de maíz.
**2.** Con una batidora eléctrica, bata la mantequilla y el azúcar hasta obtener una mezcla ligera y cremosa. Agregue la melaza y siga batiendo.
**3.** Añada los huevos de forma gradual, batiendo cada vez. Tamice la harina, el bicarbonato y las especias e incorpórelo a la mezcla de mantequilla junto con la crema agria. Remuévalo con una cuchara metálica grande. Agregue el jengibre y siga removiendo.
**4.** Con una cuchara, ponga la masa en el molde y alise la superficie con una espátula. Hornee el pastel de 50 a 60 minutos, o hasta que al clavar una brocheta fina en el centro, ésta salga limpia. Déjelo en el molde durante 10 minutos antes de volcarlo sobre una rejilla metálica para que se enfríe.
***Para preparar el glaseado de limón:*** Mezcle el azúcar, el zumo y la mantequilla en un bol refractario. Dispóngalo dentro de una cacerola con agua hirviendo y remuévalo hasta obtener una mezcla homogénea. Retírelo del fuego y úntelo sobre el pastel tibio. Si lo desea, decórelo con corteza de naranja confitada y fresas.

*Pastel de jengibre y melaza (arriba) y Mantecadas*

## Panforte

*Tiempo de preparación:*
30 minutos
*Tiempo de cocción:*
30 minutos
*Para dos pasteles cuadrados o redondos de 22 cm*

*250 g de almendras*
*250 g de avellanas*
*750 g de fruta seca variada: pasas sin semillas, ciruelas pasas y dátiles sin hueso, higos secos, corteza de fruta confitada*
*2 tazas de harina blanca*
*1 cucharada de especias variadas*
*1 cucharada de canela molida*
*1¼ tazas de azúcar extrafino*
*1 taza de miel*
*azúcar glas, para decorar*

**1.** Precaliente el horno a una temperatura moderada de 180ºC. Unte dos moldes poco profundos redondos o cuadrados de 22 cm con mantequilla fundida o aceite. Forre la base y las paredes con papel parafinado.
**2.** Ponga las almendras y las avellanas en una bandeja de horno. Tuéstelas en el horno de 8 a 10 minutos, o hasta que la piel empiece a soltarse. Retírelas del fuego. Baje la temperatura del horno a 160ºC. Envuelva las avellanas en un paño de cocina y frótelas con fuerza hasta que la piel se desprenda por completo. Ponga las avellanas y las almendras enteras en un cuenco grande.
**3.** Corte la fruta seca en trozos grandes e incorpórela al cuenco. Tamice la harina y las especias sobre la fruta del cuenco.
**4.** En una cacerola pequeña, ponga el azúcar y la miel. Remuévalo a fuego lento hasta que el azúcar se funda y la mezcla esté homogénea. Llévelo a ebullición, baje el fuego y hiérvalo a fuego lento de 10 a 15 minutos, o hasta que una cucharadita de la mezcla sumergida en agua fría forme una bola blanda. Si utiliza un termómetro para azúcar, la mezcla debe alcanzar una temperatura de 116ºC a 120ºC (sumerja el termómetro en el almíbar una vez hierva). Añada el almíbar al cuenco que contiene la fruta y la harina. Con una cuchara metálica grande, remuévalo bien hasta obtener una mezcla consistente.
**5.** Reparta uniformemente la masa en los moldes con una cuchara. Con las manos húmedas, aplánela hasta obtener un grosor de unos 2 cm. Hornee los pasteles durante 30 minutos. Sin retirarlos del molde, póngalos sobre una rejilla metálica para que se enfríen.
**6.** Una vez fríos, desmóldelos y retire enseguida el papel parafinado. Envuélvalos en film transparente y luego en papel de aluminio. Guárdelos en el frigorífico o en un lugar fresco y seco hasta que vaya a consumirlos. (El Panforte ganará en textura y sabor si no se consume de inmediato.) Sírvalo espolvoreado con azúcar glas y cortado en rebanadas muy finas o en porciones pequeñas.

## Brownies de chocolate

*Tiempo de preparación:*
20 minutos
*Tiempo de cocción:*
35–40 minutos
*Para 16 porciones*

*160 g de chocolate negro, en trozos*
*125 g de mantequilla*
*2 huevos, poco batidos*
*¾ taza de azúcar extrafino*
*1 cucharadita de esencia de vainilla*
*1 taza de harina blanca*
*¾ taza de nueces o pacanas, en trozos*

**1.** Precaliente el horno a una temperatura moderada de 180ºC. Unte un molde cuadrado de 20 cm con aceite o mantequilla fundida. Forre la base con papel parafinado. Ponga el chocolate y la mantequilla en un bol refractario mediano sumergido en agua hirviendo. Remuévalo hasta que esté fundido y homogéneo. Retírelo del fuego y déjelo enfriar.
**2.** Añada los huevos, el azúcar y la esencia; remuévalo. Agregue la harina y las nueces y mézclelo bien pero sin batirlo en exceso.
**3.** Vierta la mezcla en el molde. Hornee el pastel de 20 a 25 minutos, o hasta que al clavar una brocheta en el centro, ésta salga limpia. Déjelo enfriar en el molde y córtelo en cuadrados. Si lo desea, espolvoréelo con cacao y azúcar glas, y decórelo con pacanas.

*Brownies de chocolate (arriba) y Panforte*

## Tartaletas de limón

*Tiempo de preparación:*
40 minutos + reposo
*Tiempo de cocción:*
15 minutos
*Para 18 unidades*

*1 taza de harina blanca*
*60 g de mantequilla fría, en trozos*
*2 yemas de huevo*
*¼ taza de azúcar extrafino*
*1 ó 2 cucharaditas de ralladura de limón*
*1 cucharada de zumo de limón*

***Relleno***
*½ taza de azúcar extrafino*
*⅔ taza de zumo de limón recién exprimido, colado*
*2 cucharadas de nata espesa o 60 g de mantequilla, adicionales*
*3 huevos*
*2 yemas de huevo, adicionales*

**1.** Ponga la harina en una batidora. Añada la mantequilla y bátalo de 15 a 20 segundos, hasta que la textura de la mezcla sea similar a la del pan rallado fino. Incorpore las yemas, el azúcar, la ralladura y el zumo. Bátalo de 20 a 30 segundos, hasta que la mezcla empiece a quedar homogénea. Pase la masa a una superficie enharinada y amásela suavemente en forma de bola. Envuélvala en film transparente y resérvela en el frigorífico de 45 a 60 minutos.
**2.** Extienda la masa con un rodillo sobre una superficie ligeramente enharinada o entre dos láminas de papel parafinado hasta dejarla fina. Con un cortapastas redondo de 6 ó 7 cm, divida la masa en círculos. Úntelos con un poco de aceite o mantequilla fundida e introdúzcalos con cuidado en moldes poco profundos. Pinche la superficie con una brocheta fina o un tenedor. Antes de hornear las tartaletas, resérvelas en el frigorífico durante 30 minutos como mínimo.
**3.** Precaliente el horno a una temperatura moderada de 180ºC. Corte trozos de papel parafinado de manera que cubran cada uno de los círculos de masa. Reparta uniformemente una capa de judías secas o arroz sobre el papel. Hornee las tartaletas durante 10 minutos, o hasta que estén doradas y crujientes. Retire el papel y el peso.
***4. Para preparar el relleno:*** En un bol mediano, bata el azúcar y el zumo de limón. Agregue la nata o la mantequilla, los huevos y las yemas sin dejar de batir. Mézclelo bien. Ponga la mezcla en una cacerola mediana. Bátala a fuego medio durante 4 minutos, o hasta que la mezcla esté espesa y homogénea.
Con una cuchara, repártala uniformemente en las tartaletas. Hornéelas de 8 a 10 minutos más.
Déjelas enfriar y dispóngalas sobre una rejilla metálica.
Si lo desea, decórelas con nata montada y corteza confitada.

## Rollo de higos y pacanas

*Tiempo de preparación:*
20 minutos
*Tiempo de cocción:*
40 minutos
*Para 1 rollo grande o 2 pequeños*

*1 taza de higos secos sin semillas, o dátiles secos sin hueso, en trozos*
*¾ taza de azúcar moreno*
*1 cucharadita de bicarbonato de sosa*
*60 g de mantequilla, troceada*
*1 ó 2 cucharaditas de ralladura de naranja*
*1 taza de agua hirviendo*
*250 g de harina de fuerza*
*¼ cucharadita de nuez moscada molida*
*¼ cucharadita de canela molida*
*¼ cucharadita de pimienta de Jamaica molida*
*¼ cucharadita de jengibre molido*
*1 huevo*
*1 cucharadita de esencia de vainilla*
*125 g de pacanas, tostadas y en trozos*

**1.** Ponga los higos o los dátiles, el azúcar, el bicarbonato, la mantequilla y la ralladura de naranja en un cuenco grande. Rocíe estos ingredientes con el agua hirviendo. Remuévalo hasta que la mantequilla y el azúcar se hayan fundido. Déjelo enfriar.
**2.** Precaliente el horno a una temperatura moderada de 180ºC. Unte la base y las paredes de un molde cilíndrico con capacidad para 5 tazas,

*Tartaletas de limón (arriba) y Rollo de higos y pacanas*

o dos moldes cilíndricos de 170 mm x 80 mm, con mantequilla fundida. Añada en los bordes del molde una tira de papel parafinado de 5 cm.
**3.** Tamice la harina y las especias. En un bol pequeño, bata el huevo y la esencia. Con una cuchara metálica grande, mezcle la harina y las pacanas en alternancia con el huevo con la masa fría. Remuévalo hasta obtener una mezcla homogénea.
**4.** Con una cuchara, ponga la masa en el molde o moldes. Hornéelo verticalmente sobre una bandeja de horno de 35 a 40 minutos, o hasta que al clavar una brocheta en el centro, ésta salga limpia. Al presionar la parte superior con un dedo, ésta debe estar esponjosa. Déjelo enfriar en el molde durante 5 minutos antes de volcarlo sobre una rejilla metálica para que se enfríe por completo. Sirva el rollo en rebanadas, untado con mantequilla.
**Nota:** Para evitar que se desmigue, córtelo cuando esté totalmente frío.

## Pastel de zanahoria con cobertura de requesón

*Tiempo de preparación:*
30 minutos
*Tiempo de cocción:*
1 hora 20 minutos
*Para un pastel redondo de 24 cm*

*2 tazas de harina de fuerza*
*2 cucharaditas de canela molida*
*1 cucharadita de clavos de especia molidos*
*1 cucharadita de jengibre molido*
*2 cucharaditas de bicarbonato de sosa*
*1 taza de aceite*
*1 taza de azúcar moreno*
*4 huevos*
*½ taza de jarabe de caña*
*350 g de zanahoria rallada*

***Cobertura de requesón***
*250 g de requesón*
*60 g de mantequilla, reblandecida*
*1 taza de azúcar glas*
*1 cucharadita de esencia de vainilla o zumo de limón*
*1 cucharadita de ralladura de limón*

1. Precaliente el horno a una temperatura moderada de 180ºC. Unte un molde hondo redondo, de 24 cm de diámetro, con mantequilla fundida. Forre la base y las paredes con papel parafinado. Tamice la harina, las especias y el bicarbonato.

2. Ponga el aceite, el azúcar, los huevos y el jarabe de caña en una batidora. Añada la harina y las especias, y bátalo de 20 a 30 segundos. Incorpore la zanahoria y siga batiendo hasta mezclar bien los ingredientes. Vierta la masa en el molde y alise la superficie. Hornee el pastel durante 30 minutos. Baje la temperatura del horno a 160ºC y prosiga la cocción durante 40 ó 50 minutos más, o hasta que al clavar una brocheta en el centro, ésta salga limpia. Deje reposar el pastel en el molde durante 10 minutos antes de volcarlo sobre una rejilla metálica para que se enfríe.

3. Una vez frío, córtelo en dos capas horizontales. Ponga la capa base sobre una tabla o un plato y úntela con la mitad de la cobertura de requesón. Disponga la otra capa encima y cúbrala con el resto de la cobertura. Si lo desea, decore el pastel con rizos de zanahoria y nueces picadas. Para disfrutar más de este pastel, sírvalo el día siguiente a su preparación.

4. ***Para preparar la cobertura de requesón:*** Con una batidora eléctrica, bata el requesón en un cuenco mediano hasta que esté homogéneo. Incorpore la mantequilla, el azúcar glas, la esencia de vainilla o el zumo de limón y la ralladura. Bata todos los ingredientes hasta obtener una mezcla ligera y cremosa.

## Mostachones de coco al estilo tradicional

*Tiempo de preparación:*
20 minutos
*Tiempo de cocción:*
20 minutos
*Para 25 unidades*

*2 claras de huevo*
*¾ taza de azúcar extrafino*
*1½ tazas de coco rallado*
*200 g de chocolate negro, fundido*

1. Precaliente el horno a una temperatura de 150ºC. Forre dos bandejas de horno con papel parafinado. Bata las claras de huevo en un bol pequeño hasta que estén a punto de nieve. Añada el azúcar de forma gradual, batiendo cada vez, hasta que se haya disuelto y la mezcla esté espesa y brillante.

2. Ponga la mezcla en un cuenco grande y añada el coco rallado. Con una cuchara metálica grande, remuévalo con suavidad hasta mezclar los ingredientes. Ponga cucharadas rasas de la mezcla en las bandejas, de manera que queden separadas por unos 3 cm. Hornee los mostachones durante 20 minutos, o hasta que estén un poco dorados.

3. Enfríelos por completo sobre una rejilla metálica. Sumerja las bases en chocolate fundido y deje que se endurezcan.

*Pastel de zanahoria con cobertura de requesón (arriba) y Mostachones de coco al estilo tradicional*

## Delicias de fruta y limón

*Tiempo de preparación:* 15 minutos
*Tiempo de cocción:* 20 minutos
*Para 18 porciones*

*1 taza de harina de fuerza*
*1 cucharadita de canela*
*¾ taza de azúcar extrafino*
*½ taza de sultanas*
*¼ taza de orejones, en trozos*
*¼ taza de peras secas, en trozos*
*¼ taza de manzanas secas, en trozos*
*2 huevos, poco batidos*
*90 g de mantequilla, fundida*

***Cobertura de limón***
*1 taza de azúcar glas*
*15 g de mantequilla sin sal, fundida*
*3 ó 4 cucharaditas de zumo de limón*

**1.** Precaliente el horno a una temperatura moderada de 180ºC. Unte un molde cuadrado de 20 cm con aceite o mantequilla fundida. Forre la base con papel parafinado y engráselo.
**2.** Tamice la harina, la canela y el azúcar en un cuenco grande. Añada las sultanas y la fruta seca. Remuévalo y forme un hueco en el centro.
**3.** Incorpore los huevos mezclados con la mantequilla. Con una cuchara de madera, mézclelo bien hasta que esté homogéneo, pero no lo bata en exceso. Vierta la masa en el molde y alise la superficie. Hornee el pastel durante 20 minutos, o hasta que al clavar una brocheta en el centro, ésta salga limpia. Déjelo reposar en el molde durante 5 minutos antes de volcarlo sobre una rejilla metálica para que se enfríe.
**4.** Córtelo en forma de barritas y unte cada una de ellas con el glaseado de limón. Si lo desea, decórelas con orejones troceados.
**5.** ***Para preparar la cobertura de limón:*** En un bol pequeño, mezcle el azúcar glas tamizado, la mantequilla fundida y suficiente zumo de limón hasta obtener una pasta firme. Ponga el bol dentro de una cacerola con agua hirviendo y remueva hasta que la cobertura esté homogénea y brillante. No la bata en exceso, ya que quedaría mate y granulada. Retírela del fuego y extiéndala sobre cada porción del pastel con un cuchillo de hoja plana.

**Nota:** Las Delicias de fruta y limón se conservan hasta cinco días en un recipiente hermético. El tiempo de conservación en el congelador es de un máximo de tres meses sin la cobertura.

## Pasteles de ciruela y albaricoque

*Tiempo de preparación:* 30 minutos
*Tiempo de cocción:* 50–60 minutos
*Para dos pasteles rectangulares*

*½ taza de pasas de Corinto*
*250 g de ciruelas pasas sin hueso, en trozos*
*100 g de orejones, por la mitad*
*⅓ taza de picadillo de fruta*
*½ taza de fruta seca variada*
*¼ taza de coñac*
*150 g de mantequilla*
*¼ taza de azúcar moreno*
*¼ taza de melaza*
*2 cucharadas de extracto de malta*
*2 huevos*
*⅓ taza de harina de fuerza*
*⅔ taza de harina blanca*
*¼ cucharadita de bicarbonato de sosa*
*1 cucharadita de especias variadas*

**1.** Precaliente el horno a una temperatura de 150ºC. Unte dos moldes rectangulares de 26 x 8 x 5 cm con aceite o mantequilla fundida. Forre la base y las paredes con papel, dejando que sobresalga de 1 a 2 cm por ambos extremos. En una cacerola mediana, mezcle las pasas, las ciruelas, los orejones, el picadillo, la fruta variada y el coñac. Remuévalo a fuego medio hasta que el coñac se absorba por completo. Retírelo del fuego y déjelo enfriar un poco.
**2.** Con una batidora eléctrica, bata la mantequilla y el azúcar

*Pasteles de ciruela y albaricoque (arriba) y Delicias de fruta y limón*

en un cuenco pequeño hasta obtener una mezcla ligera y cremosa. Añada la melaza y el extracto de malta y siga batiendo hasta mezclar bien los ingredientes. Incorpore los huevos de manera gradual, batiendo cada vez. Ponga la mezcla en un cuenco grande. Tamice los dos tipos de harina, el bicarbonato y las especias e incorpórelo gradualmente al cuenco con una cuchara metálica. Remuévalo hasta que esté homogéneo. Agregue la mezcla de fruta y coñac, y remuévalo hasta que esté bien mezclado.

**3.** Con una cuchara, reparta uniformemente la masa en ambos moldes y alise la superficie. Golpee suavemente los moldes para eliminar las burbujas de aire de la masa. Disponga los moldes sobre una bandeja de horno y hornee los pasteles de 50 a 60 minutos, o hasta que al clavar una brocheta en el centro, ésta salga limpia. Déjelos reposar en los moldes durante 30 minutos antes de volcarlos sobre una rejilla metálica para que se enfríen. Una vez fríos, espolvoree la superficie con azúcar glas tamizado.

## Galletas de cacahuete y chocolate

*Tiempo de preparación:*
15 minutos
*Tiempo de cocción:*
20 minutos
*Para 30 unidades*

*125 g de mantequilla*
*½ taza de azúcar*
*¼ taza de azúcar moreno, muy firme*
*1 huevo*
*1 taza de harina de fuerza*
*½ taza de harina blanca*
*¾ taza de cacahuetes, sin sal y tostados*
*¾ taza de trocitos de chocolate negro*

**1.** Precaliente el horno a una temperatura moderada de 180ºC. Forre dos bandejas para galletas de 32 x 28 cm con papel parafinado. Con una batidora eléctrica, bata la mantequilla y los dos tipos de azúcar hasta que la mezcla esté ligera y esponjosa. Añada el huevo y bátalo bien.
**2.** Póngalo en un cuenco grande. Añada los dos tipos de harina tamizada, los cacahuetes y los trocitos de chocolate. Con una cuchara metálica grande, remueva hasta mezclar los ingredientes y obtener una mezcla homogénea.
**3.** Trabaje un poco la preparación hasta obtener una masa blanda. Forme bolas, una cada vez, con una cucharada rasa de masa.
**4.** Dispóngalas bien espaciadas en las bandejas. Aplánelas con cuidado con los dedos. Hornee las galletas durante 20 minutos, o hasta que estén doradas. Retírelas del horno y déjelas enfriar en las bandejas durante 5 minutos antes de ponerlas sobre una rejilla metálica para que se enfríen por completo.

## Bizcocho con mermelada y nata

*Tiempo de preparación:*
20 minutos
*Tiempo de cocción:*
25 minutos
*Para un pastel de 20 cm*

*3 huevos*
*⅓ taza de azúcar extrafino*
*1 cucharadita de esencia de vainilla*
*1 ó 2 cucharaditas de ralladura de limón o naranja*
*80 g de harina de fuerza, tamizada*
*45 g de mantequilla, fundida*
*1¼ tazas de nata espesa o líquida*
*1 ó 2 cucharadas de azúcar glas*
*⅓ taza de mermelada de fresa o frambuesa, o mantequilla de limón*
*azúcar glas tamizado*

**1.** Precaliente el horno a una temperatura moderada de 180ºC. Unte dos moldes llanos redondos, de 17 cm de diámetro, con aceite o mantequilla fundida. Forre la base y las paredes con papel parafinado, espolvoréelo con harina y elimine el exceso.
**2.** Ponga los huevos y el azúcar en un bol refractario grande. Dispóngalo dentro de una cacerola con agua hirviendo. Con una batidora eléctrica o un batidor de varillas, bátalo hasta que esté espeso y presente un color pajizo. Retire el bol del fuego. Añada la esencia y la ralladura y siga batiendo de 7 a 10 minutos más, hasta que al levantar la batidora quede una especie de cinta en la superficie. Con una cuchara metálica, añada la harina y mézclela ligeramente, para airear al máximo la masa. Incorpore la mantequilla fundida (el volumen de la mezcla disminuirá). Vierta uniformemente la masa en los dos moldes y alise la superficie con cuidado.
**3.** Hornee los pasteles durante 25 minutos, o hasta que al presionar la superficie con los dedos, ésta esté esponjosa. Déjelos enfriar en el molde durante 5 minutos antes de volcarlos sobre una rejilla metálica para que se enfríen por completo.
**4.** Bata la nata y el azúcar glas hasta que estén a punto de nieve. Disponga un pastel sobre una tabla o un plato. Úntelo con la mermelada o la mantequilla de limón, y luego con la nata montada. Cúbralo con el otro pastel. Si lo desea, espolvoree el bizcocho con azúcar glas tamizado y decórelo con una fresa.

*Bizcocho con mermelada y nata (arriba) y Galletas de cacahuete y chocolate*

## Galletas Anzac

*Tiempo de preparación:*
15 minutos
*Tiempo de cocción:*
20 minutos
*Para 28 unidades*

*1 taza de harina blanca*
*¾ taza de azúcar*
*1 taza de copos de avena*
*¾ taza de coco rallado*
*125 g de mantequilla sin sal*
*2 cucharadas de jarabe de caña*
*½ cucharadita de bicarbonato de sosa*
*1 cucharada de agua hirviendo*

**1.** Precaliente el horno a una temperatura moderada de 180ºC. Forre dos bandejas para galletas de 32 x 28 cm con papel parafinado. Tamice la harina sobre un cuenco grande. Añada el azúcar, los copos de avena y el coco; forme un hueco en el centro.
**2.** Mezcle la mantequilla y el jarabe de caña en una cacerola pequeña. Remuévalo a fuego lento hasta que la mantequilla se haya fundido y la mezcla esté homogénea. Retírelo del fuego. Disuelva el bicarbonato en agua e incorpórelo inmediatamente a la mezcla de mantequilla (enseguida empezará a espumar). Añada la mezcla de mantequilla a los ingredientes secos. Con una cuchara de madera, remuévalo bien hasta mezclarlo.
**3.** Forme bolas, una cada vez, con una cucharada rasa de la mezcla y dispóngalas sobre las bandejas preparadas. Aplánelas con cuidado con los dedos y deje espacio suficiente entre unas y otras. Hornéelas durante 20 minutos, o hasta que empiecen a dorarse.
**4.** Retire las galletas del horno y póngalas sobre una rejilla metálica para que se enfríen.

## Pastelitos de fresa y coco

*Tiempo de preparación:*
30 minutos
*Tiempo de cocción:*
40 minutos
*Para 18 porciones*

*125 g de mantequilla*
*¼ taza de preparado para natillas*
*¾ taza de harina blanca*
*⅓ taza de azúcar*
*1 huevo, poco batido*
*¾ taza de mermelada de fresa*

***Cobertura***
*2 huevos (con las yemas y las claras separadas)*
*⅓ taza de azúcar extrafino*
*1 cucharadita de esencia de vainilla*
*3 tazas de coco rallado*

**1.** Precaliente el horno a una temperatura moderada de 180ºC. Unte la base y las paredes de un molde poco profundo rectangular de 20 x 30 cm con mantequilla fundida o aceite. Forre la base con papel parafinado.
**2.** Ponga la mantequilla, el preparado para natillas, la harina y el azúcar en un cuenco mediano. Trabaje la mantequilla con los ingredientes secos hasta obtener una textura similar a la del pan rallado grueso. Añada el huevo y mézclelo bien hasta que la masa esté homogénea.
**3.** Viértala uniformemente sobre la base del molde. Hornee el bizcocho 20 minutos, o hasta que esté firme y dorado. Déjelo enfriar. Unte la base con mermelada tibia.
***4. Para preparar la cobertura:*** Con una batidora eléctrica, bata las claras de huevo en un cuenco pequeño hasta que estén a punto de nieve. Añada el azúcar de manera gradual, batiendo cada vez. Ponga la mezcla en un cuenco grande. Agregue las yemas de huevo y la esencia de vainilla. Incorpore el coco y remuévalo un poco con cuidado. Extienda la cobertura sobre el pastel. Hornéelo de 15 a 20 minutos más, o hasta que esté dorado. Déjelo enfriar antes de cortarlo en cuadrados con un cuchillo de hoja larga y afilada. Estos pastelitos se conservan hasta tres días en un recipiente hermético.

**Nota:** Si lo desea, puede substituir la mermelada de fresa por otra de albaricoque, mora o frambuesa.

*Galletas Anzac (arriba) y Pastelitos de fresa y coco*

## Delicias de miel y nueces

*Tiempo de preparación:*
30 minutos
*Tiempo de cocción:*
15 minutos
*Para 24 unidades*

*4 tazas de copos de maíz*
*100 g de mantequilla*
*¼ taza de azúcar extrafino*
*2 cucharadas de miel*
*½ taza de nueces picadas*
*2 cucharadas de semillas de sésamo, tostadas*

**1.** Precaliente el horno a una temperatura moderada de 180ºC. Forre dos moldes hondos para magdalenas, de 12 unidades cada uno, con cápsulas de papel.
**2.** Ponga los copos de maíz en un cuenco grande. Mezcle la mantequilla, el azúcar y la miel en una cacerola pequeña. Remuévalo a fuego medio sin que llegue a hervir hasta que se haya disuelto el azúcar. Llévelo a ebullición y retírelo del fuego.
**3.** Vierta la mezcla sobre los copos de maíz; añada las nueces picadas y las semillas de sésamo. Remuévalo deprisa hasta que todos los ingredientes estén bien mezclados y los copos de maíz empapados con el almíbar.
**4.** A cucharadas, reparta uniformemente la mezcla de copos de maíz sobre las cápsulas de papel. Hornee las Delicias durante 10 minutos, o hasta que empiecen a dorarse y estén un poco crujientes. Déjelas en los moldes durante 10 minutos antes de ponerlas sobre una rejilla metálica para que se enfríen.

**Nota:** Se conservan hasta una semana en un recipiente hermético, en un lugar fresco y seco.

## Pastelitos con caramelo

*Tiempo de preparación:*
15 minutos
*Tiempo de cocción:*
30 minutos
*Para 30 porciones*

*¾ taza de coco rallado*
*⅓ taza de azúcar moreno*
*¾ taza de harina de fuerza*
*100 g de mantequilla, fundida*
*1 cucharadita de esencia de vainilla*

***Cobertura***
*400 g de leche condensada*
*30 g de mantequilla*
*2 cucharadas de jarabe de caña*
*2 cucharaditas de café soluble*
*2 cucharaditas de agua caliente*

***Glaseado***
*120 g de chocolate negro, en trozos*
*60 g de mantequilla, en trozos*

**1.** Precaliente el horno a una temperatura moderada de 180ºC. Forre la base y las paredes de un molde hondo rectangular de 28 x 18 cm con papel parafinado, de manera que cubra toda la superficie del mismo.
**2.** Ponga el coco, el azúcar y la harina en un cuenco grande. Mézclelo y forme un hueco en el centro. Añada la mantequilla fundida y la esencia; remuévalo y mézclelo bien. Extienda la mezcla sobre la base del molde, presionándola uniformemente. Hornéela de 12 a 15 minutos; retírela del horno antes de que los bordes empiecen a dorarse.
***3. Para preparar la cobertura:*** Ponga la leche condensada, la mantequilla, el jarabe de caña y el café disuelto en el agua en una cacerola pequeña. Remuévalo a fuego medio hasta que la mezcla hierva. Baje el fuego y cuézalo, sin dejar de remover, durante 5 minutos más. Vierta la mezcla de caramelo sobre la base del pastel. Vuelva a poner la bandeja en el horno y prosiga la cocción durante otros 10 minutos. Retírelo del horno y déjelo enfriar en el molde.
***4. Para preparar el glaseado:*** Ponga el chocolate y la mantequilla en un bol refractario pequeño. Dispóngalo dentro de una cacerola con agua hirviendo. Remuévalo hasta que el chocolate y la mantequilla estén fundidos y la mezcla homogénea. Extienda el glaseado uniformemente sobre la capa de caramelo aún tibia y alíselo con un

*Pastelitos con caramelo (arriba) y Delicias de miel y nueces*

cuchillo de hoja plana. Guarde el pastel en el frigorífico hasta que esté firme. Córtelo en cuadrados o barritas. Retírelo con cuidado del molde, quitando primero los extremos.

**Nota:** Los Pastelitos con caramelo se conservan hasta una semana en un recipiente hermético, en un lugar fresco.

# Mermeladas, conservas y condimentos

Estas exquisiteces hechas en casa y envasadas en botellas y tarros son artículos de lujo. Tanto si las regala a alguien como si las pone a la venta en un bazar, serán mucho más apreciadas que si las hubiera adquirido preparadas en algún establecimiento.

## Kumquats al licor

*Tiempo de preparación:*
15 minutos
*Tiempo de cocción:*
50 minutos
*Para 3 tazas, aproximadamente*

*500 g de kumquats*
*1 taza de azúcar*
*¾ taza de agua*
*¼ taza de licor con sabor a naranja*

1. Corte una cruz en la parte superior de los kumquats. Póngalos en tarros resistentes al calor esterilizados.
2. Mezcle el azúcar y el agua en una cacerola pequeña de fondo pesado. Llévelo a ebullición y hiérvalo durante 1 minuto. Incorpore el licor y remuévalo.
3. Vierta el almíbar sobre la fruta, dejando 1 cm libre en la parte superior. Enrosque las tapaderas, pero no las cierre herméticamente.
4. Forre la base de una cacerola grande de fondo pesado con capas de papel de periódico. Disponga los tarros encima y cúbralos con agua caliente, hasta alcanzar la parte superior del borde de los tarros.
5. Lleve el agua lentamente a ebullición. Baje un poco el fuego y hierva los tarros durante 20 minutos, o hasta que la fruta presente un color claro.
6. Retire los tarros de la cacerola con cuidado. Enseguida, ciérrelos herméticamente con las tapaderas y déjelos enfriar por completo. Etiquételos y anote la fecha de envasado. Guárdelos en un lugar fresco y alejado de la luz durante 2 meses, dándoles la vuelta cada dos semanas.

**CONSEJO**
Cuanto más tiempo deje los kumquats en reposo, más potenciarán su sabor. Sírvalos rociados con una cucharada de almíbar.

*Aceite de guindilla (izquierda) y Kumquats al licor*

## Aceite de guindilla

*Tiempo de preparación:*
10 minutos
*Tiempo de cocción:*
5 minutos + 2 días en reposo
*Para 2½ tazas*

*2½ tazas de aceite vegetal*
*3 guindillas frescas enteras*
*1 rama de canela*
*2 cucharaditas de granos de pimienta negra*
*condimentos frescos enteros (hierbas o especias)*

**1.** Caliente el aceite en una cacerola grande de fondo pesado. Añada las guindillas, la rama de canela y los granos de pimienta. Retírelo del fuego, tápelo y déjelo reposar de 2 a 3 días.
**2.** Cuele el aceite sobre una botella previamente esterilizada. Añada los condimentos enteros.
**3.** Cierre la botella herméticamente y etiquétela. Guárdela en un lugar fresco y alejado de la luz.

> **CONSEJO**
> Si lo desea, puede substituir las guindillas por hierbas frescas, como romero, albahaca, salvia o hierba limonera.

## Mantequilla de limón

*Tiempo de preparación:*
10 minutos
*Tiempo de cocción:*
20 minutos
*Para 2 tazas, aproximadamente*

*4 huevos, poco batidos*
*¾ taza de azúcar*
*½ taza de zumo de limón*
*2 cucharaditas de ralladura fina de limón*
*125 g de mantequilla sin sal, en trozos*

**1.** Ponga los huevos y el azúcar en un bol refractario grande. Introdúzcalo en una cacerola con agua hirviendo y remuévalo continuamente con un batidor de varillas hasta que el azúcar se haya disuelto.
**2.** Añada el zumo, la ralladura y la mantequilla; bátalo hasta que la mezcla esté homogénea y la mantequilla fundida. Con el agua apenas hirviendo, bátalo sin parar con una cuchara de madera durante unos 20 minutos, o hasta que la mezcla se espese y nape el reverso de una cuchara. Retírela del fuego enseguida. (No deje que hierva para evitar que cuaje.)
**3.** Vierta o ponga a cucharadas la mantequilla de limón tibia en tarros calientes previamente esterilizados y, enseguida, tápelos herméticamente. Deje que la mantequilla se enfríe por completo antes de etiquetar los tarros y guardarlos en un lugar fresco y alejado de la luz.

## Mermelada de fresa

*Tiempo de preparación:*
10 minutos + reposo
*Tiempo de cocción:*
20 minutos
*Para 2 tazas*

*500 g de fresas maduras, lavadas y sin el rabito*
*2 tazas de azúcar*
*2 cucharadas de zumo de limón*

**1.** Mezcle las fresas y el azúcar en una cacerola mediana de fondo pesado. Déjelo reposar durante 10 minutos.
**2.** Añada el zumo de limón a la cacerola. Remuévalo con suavidad a fuego medio, sin que llegue a hervir, hasta que el azúcar se disuelva por completo. Llévelo lentamente a ebullición, baje el fuego y cuézalo a fuego bajo o medio durante 20 minutos, o hasta que la mermelada cuaje.
**3.** Retírela del fuego y espere a que desaparezcan las burbujas. Déjela reposar durante 2 minutos. Con una cuchara, ponga la mezcla caliente en tarros calientes esterilizados y, enseguida, ciérrelos herméticamente. Una vez fríos, etiquételos y anote la fecha de envasado. Guárdelos en un lugar fresco y alejado de la luz. Una vez abierto el tarro, guarde la mermelada en el frigorífico.

*Mantequilla de limón y Mermelada de fresa*

# Jalea de menta

*Tiempo de preparación:*
20 minutos +
una noche en reposo
*Tiempo de cocción:*
40 minutos
*Para 3½ tazas, aproximadamente*

*1 kg de manzanas verdes*
*1 litro de agua*
*½ taza de zumo de limón*
*2½ tazas de hojas de menta*
*azúcar*
*½ taza de hojas de menta adicionales, finamente picadas*
*2 ó 3 gotas de colorante alimentario de color verde*

**1.** Lave las manzanas y córtelas en gajos gruesos, sin pelarlas ni retirarles el corazón.
**2.** Mezcle las manzanas, el agua, el zumo y la menta en una cacerola grande de fondo pesado. Llévelo a ebullición. Baje un poco el fuego y cuézalo, sin tapar, de 10 a 15 minutos, o hasta que la manzana forme una pulpa blanda. Deshaga los trozos grandes con una cuchara de madera.
**3.** Cuele la mezcla a través de un paño de muselina, dejando que el líquido caiga sobre un bol (no presione el líquido a través de la tela para evitar que quede turbio). Déjelo reposar una noche. Mida el líquido y póngalo en la cacerola. Añada 1 taza de azúcar por cada taza de líquido. Remuévalo a fuego lento, sin que llegue a hervir, hasta que el azúcar se disuelva por completo. Llévelo a ebullición y baje un poco el fuego. Hiérvalo a fuego lento durante unos 20 minutos, o hasta que cuaje.
**4.** Incorpore las hojas de menta adicionales y el colorante. Remuévalo bien hasta que la mezcla esté homogénea y la menta repartida uniformemente. Retírela del fuego y déjela reposar 5 minutos. Viértala en tarros calientes esterilizados y tápelos herméticamente. Una vez fríos, etiquételos y anote la fecha. Se conserva hasta 12 meses en un lugar fresco y alejado de la luz.

*Jalea de menta*

*1. Corte las manzanas lavadas en gajos gruesos, sin pelarlas ni retirarles el corazón.*

*2. Deshaga los trozos grandes de manzana cocida con una cuchara de madera.*

*3. Cuele la mezcla a través de un paño de muselina y deje que caiga sobre un bol.*

*4. Añada la menta adicional y el colorante de color verde a la mezcla, y remuévalo bien.*

## Mermelada de higos y especias

*Tiempo de preparación:*
10 minutos +
una noche en reposo
*Tiempo de cocción:*
35 minutos
*Para 1 litro*

*500 g de higos secos*
*1 litro de agua*
*⅓ taza de zumo de limón*
*3 tazas de azúcar, calentado*
*¼ taza de jengibre escarchado, en trozos*
*2 cucharaditas de ralladura fina de limón*
*1 cucharadita de clavos de especia enteros*

**1.** Pique los higos finamente y póngalos en un bol mediano. Cúbralos con el agua y déjelos reposar durante una noche.
**2.** Al día siguiente, ponga los higos y el agua en una cacerola grande de fondo pesado. Llévelo a ebullición, baje el fuego, tápelo y hiérvalo de 10 a 15 minutos, o hasta que los higos estén tiernos y jugosos.
**3.** Añada el zumo de limón, el azúcar, el jengibre, la ralladura y los clavos de especia. Remuévalo sin parar a fuego bajo hasta que el azúcar se disuelva por completo. Llévelo a ebullición, baje un poco el fuego y hiérvalo de 15 a 20 minutos, o hasta que la mezcla cuaje. Remuévala de vez en cuando con una cuchara de madera. Al final de la cocción, remuévala más a menudo para evitar que se pegue o se queme.
**4.** Retire la mermelada del fuego y déjela reposar durante 2 minutos. Con un jarro resistente al calor, viértala en tarros calientes previamente esterilizados y, enseguida, ciérrelos herméticamente. Una vez fríos, etiquételos y anote la fecha de envasado.

**Nota:** La Mermelada de higos y especias se conserva hasta 12 meses en un lugar fresco y alejado de la luz.

## Peras al ron

*Tiempo de preparación:*
20 minutos
*Tiempo de cocción:*
20 minutos
*Para 8 mitades, aproximadamente*

*500 g de peras pequeñas*
*1½ tazas de azúcar*
*1 taza de agua*
*2 ramas de canela*
*¼ taza de ron negro*

**1.** Lave las peras, pélelas y retíreles el corazón. Póngalas en un cuenco grande y cúbralas con agua. Resérvelas.
**2.** Ponga el azúcar y el agua en una cacerola mediana de fondo pesado. Remuévalo a fuego lento, sin que llegue a hervir, hasta que el azúcar se disuelva por completo. Con un pincel de cocina, elimine el azúcar cristalizado de las paredes de la cacerola. Llévelo a ebullición, baje un poco el fuego y hierva el almíbar durante 10 minutos sin remover.
**3.** Escurra las peras. Póngalas en una cacerola junto con las ramas de canela y el almíbar. Prosiga la cocción durante 5 ó 6 minutos más, o hasta que las peras estén tiernas. Con cuidado, gírelas varias veces durante la cocción para que se empapen con el almíbar. Retírelas y póngalas en tarros previamente esterilizados.
**4.** Incorpore el ron al almíbar y póngalo de nuevo en el fuego. Llévelo a ebullición y hiérvalo de 2 a 3 minutos. Con suavidad, vierta el almíbar sobre las peras y cierre los tarros herméticamente. Antes de servir las peras, déjelas reposar de 2 a 3 días para que se empapen bien con el sabor del almíbar.

### CONSEJO

Las Peras al ron resultan un delicioso postre veraniego, acompañadas de helado. En invierno puede calentarlas y servirlas con una buena ración de nata espesa o unas natillas cremosas.

*Peras al ron (arriba) y Mermelada de higos y especias*

Pear

## Chutney de frutas

*Tiempo de preparación:*
15 minutos
*Tiempo de cocción:*
35 minutos
*Para 3 tazas*

*3 manzanas verdes grandes*
*½ taza de ciruelas pasas sin hueso, en trozos*
*½ taza de dátiles, en trozos*
*½ taza de orejones, en trozos*
*¼ taza de zumo de limón*
*¾ taza de azúcar*
*1 taza de vinagre blanco*
*½ taza de agua*
*½ cucharadita de nuez moscada*

**1.** Pele las manzanas, retíreles el corazón y córtelas en trozos. Ponga todos los ingredientes en una cacerola mediana de fondo pesado. Remuévalo a fuego medio hasta que se disuelva el azúcar.
**2.** Suba el fuego al máximo y lleve la mezcla a ebullición. Baje un poco el fuego y hiérvalo durante 35 minutos, o hasta que el Chutney se espese. Remuévalo de vez en cuando.
**3.** Retírelo del fuego y déjelo reposar durante 5 minutos. Con una jarra resistente al calor, viértalo en tarros calientes previamente esterilizados. Enseguida, ciérrelos herméticamente. Una vez fríos, etiquételos y anote la fecha de envasado. El Chutney se conserva hasta 12 meses en un lugar fresco y alejado de la luz.

## Ciruelas pasas al ron

*Tiempo de preparación:*
10 minutos +
1 semana en reposo
*Tiempo de cocción:*
5 minutos
*Para 4 tazas*

*750 g de ciruelas pasas sin hueso*
*¾ taza de ron negro*
*¼ taza de azúcar moreno, poco firme*
*2 ramas de canela*
*la corteza de 1 limón, en tiras finas*
*2 tazas de agua*
*3 clavos de especia enteros*

**1.** Ponga las ciruelas en un bol y el resto de ingredientes en una cacerola. Llévelo a ebullición. Retírelo del fuego.
**2.** Vierta el almíbar sobre las ciruelas. Deje que se enfríe y póngalo en tarros tibios previamente esterilizados, de manera que el almíbar cubra totalmente las ciruelas. Cierre los tarros herméticamente, etiquételos y anote la fecha de envasado.
**3.** Guárdelos en un lugar fresco y alejado de la luz durante 1 semana antes de su consumo. Una vez abierto, se conserva hasta 12 meses en el frigorífico.

## Vinagre de hierbas

*Tiempo de preparación:*
10 minutos
*Tiempo de cocción:*
5 minutos +
2 días en reposo
*Para 2½ tazas*

*1 limón*
*2½ tazas de vinagre blanco*
*2 hojas de laurel*
*1 rama de romero*
*2 cucharadas de orégano fresco, picado*
*ramitas de hierbas frescas o especias enteras frescas, para condimentar*

**1.** Pele el limón en tiras gruesas con un pelador de verduras. Retire la piel blanca con un cuchillo afilado. Caliente el vinagre en una cacerola pequeña hasta que hierva. Retírelo del fuego y añada los condimentos.
**2.** Tápelo y déjelo reposar durante 2 días, removiéndolo de vez en cuando.
**3.** Cuele el vinagre sobre una botella esterilizada. Incorpore los condimentos frescos.
**4.** Tape la botella. Etiquétela, anote la fecha de envasado y guárdela en un lugar fresco. Se conserva hasta seis meses.

**Nota:** El Vinagre de hierbas se caracteriza por su delicioso sabor a hierbas y limón, y resulta ideal como aliño de ensaladas.

*De izquierda a derecha y en sentido de las agujas del reloj: Vinagre de hierbas, Chutney de frutas y Ciruelas pasas al ron*

## Mermelada de cítricos

*Tiempo de preparación:*
40 minutos +
20 minutos en reposo
*Tiempo de cocción:*
1 hora 10 minutos
*Para 4 tazas*

*2 pomelos*
*3 limas*
*2 naranjas*
*4½ tazas de agua*
*3¾ tazas de azúcar, calentado*

**1.** Con un pelador de verduras, pele los pomelos, las limas y las naranjas en tiras largas; retire y reserve la piel blanca gruesa. Con un cuchillo afilado, corte la corteza de los cítricos en tiras finas.
**2.** Exprima el zumo de las frutas y resérvelo. Ponga las semillas, la piel blanca y la pulpa de los cítricos en un paño de muselina y átelo con un cordel.
**3.** En una cacerola grande de fondo pesado, ponga la corteza, el zumo, el agua y la bolsa de muselina. Llévelo a ebullición, baje el fuego y cuézalo, sin tapar, de 45 a 50 minutos, o hasta que el contenido de la cacerola se haya reducido a la mitad. Retire la bolsa de muselina y escúrrala bien. Incorpore el azúcar a la cacerola y remuévalo hasta que se haya disuelto. Manténgalo hirviendo, sin tapar y a fuego lento de 15 a 20 minutos, o hasta que al poner una cucharada de la mezcla en un plato frío, ésta se arrugue al empujarla con un dedo.
**4.** Deje reposar la mermelada durante 20 minutos. Si es necesario, retire la capa superior con cuidado. Viértala en tarros calientes esterilizados y, enseguida, ciérrelos herméticamente. Cuando estén fríos, etiquételos y anote la fecha de envasado.

**Nota:** La mermelada quedará deliciosa si utiliza naranjas sanguinas.

*Mermelada de cítricos*

*1. Retire y reserve la piel blanca gruesa de la corteza de los pomelos, las limas y las naranjas.*

*2. Ponga la bolsa de muselina con las semillas, la piel blanca y la pulpa de los cítricos en la cacerola.*

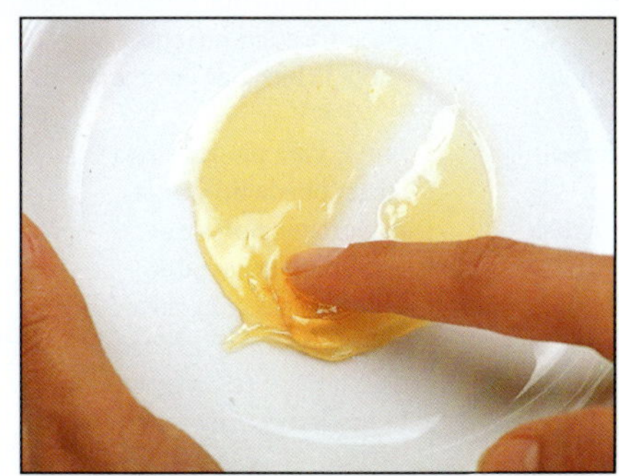

*3. Ponga una cucharada de la mezcla en un plato frío y empújela con el dedo para saber si está lista.*

*4. Deje reposar la mermelada durante 20 minutos. Si es necesario, retire la capa superior con cuidado.*

## Picadillo de fruta al whisky

*Tiempo de preparación:*
20 minutos +
una noche en reposo
+ 2 semanas en reposo
*Tiempo de cocción:*
Ninguno
*Para 4 tazas*

*1 manzana verde grande, pelada y rallada*
*1 taza de sultanas*
*1 taza de uvas pasas, finamente picadas*
*1 taza de pasas de Corinto*
*½ taza de corteza de frutas confitadas*
*2 cucharadas de jengibre escarchado, finamente picado*
*la ralladura y el zumo de 1 limón*
*la ralladura y el zumo de 1 naranja*
*⅓ taza de almendras peladas, picadas*
*2 cucharaditas de especias variadas*
*½ taza de azúcar moreno, poco firme*
*¼ taza de whisky*
*50 g de mantequilla, fundida*

**1.** Ponga todos los ingredientes en un bol grande que no sea metálico. Remuévalos hasta que estén bien mezclados. Tápelo y déjelo reposar toda la noche.
**2.** Con una cuchara, ponga la mezcla en tarros esterilizados, ciérrelos herméticamente, etiquételos y anote la fecha. Déjelos reposar de 1 a 2 semanas antes de su consumo. Se conserva hasta 12 meses en un lugar fresco y alejado de la luz.

**CONSEJO**
Utilice el picadillo para rellenar tartas de fruta. Los tarros también resultan un estupendo regalo de Navidad, decorados con cintas y telas atractivas.

## Encurtidos a la mostaza

*Tiempo de preparación:*
15 minutos +
una noche en reposo
*Tiempo de cocción:*
10–12 minutos
*Para 4 tazas, aproximadamente*

*3 pepinos medianos, picados*
*1 cebolla grande, picada*
*200 g de coliflor, en ramitos pequeños*
*1 pimiento verde grande, picado*
*2 cucharadas de sal*
*2 cucharaditas de semillas de mostaza negra*
*2 cucharadas de mostaza en polvo*
*½ cucharadita de cúrcuma en polvo*
*1 hoja de laurel*
*1 taza de vinagre de malta*
*¼ taza de azúcar*
*1 cucharada de fécula de maíz*
*2 cucharadas de agua*

**1.** Mezcle los pepinos, la cebolla, la coliflor y el pimiento en un bol grande que no sea metálico. Sazónelo con sal y déjelo en reposo durante toda la noche.
**2.** Lave y escurra las hortalizas, aclarándolas bien para eliminar la sal. Póngalas en una cacerola grande de fondo pesado. Añada las semillas de mostaza, la mostaza en polvo, la cúrcuma, la hoja de laurel, el vinagre y el azúcar. Remueva la mezcla a fuego lento hasta que hierva. Cuézala, sin tapar, de 8 a 10 minutos, o hasta que las hortalizas estén tiernas.
**3.** En un cuenco pequeño, mezcle la fécula de maíz y el agua. Incorpore esta mezcla a la cacerola; remuévalo bien, pero deprisa. Llévelo a ebullición y, una vez la mezcla esté espesa, retírela del fuego.
**4.** Con una cuchara, ponga los encurtidos en tarros calientes esterilizados y, enseguida, ciérrelos herméticamente. Cuando estén fríos, etiquételos y anote la fecha de envasado.

**Nota:** Para preparar esta receta puede utilizar la mayoría de hortalizas aptas para encurtidos. Nuestra selección consta de una buena combinación de sabores y texturas aunque, si lo prefiere, puede probar otras.

*Encurtidos a la mostaza (arriba) y Picadillo de fruta al whisky*

WHISKEY
MINCE MEAT

## Chutney de tomate verde

*Tiempo de preparación:* 20 minutos
*Tiempo de cocción:* 1–1½ horas
*Para 5 tazas, aproximadamente*

*1,5 kg de tomates verdes, en trozos*
*2 manzanas verdes pequeñas, peladas y en trozos*
*1 cebolla grande, en trozos*
*1 cucharadita de sal*
*½ taza de sultanas*
*1 cucharadita de granos de pimienta negra enteros*
*1 cucharada de semillas de mostaza negra*
*2 tazas de azúcar moreno, poco firme*
*2 tazas de vinagre blanco*
*½ cucharadita de pimentón dulce*

**1.** Ponga todos los ingredientes en una cacerola grande de fondo pesado. Remuévalo a fuego lento hasta que se disuelva el azúcar.
**2.** Suba el fuego y lleve la mezcla a ebullición. Cuézalo, sin tapar, de 1 a 1½ horas, o hasta que se haya espesado. Remuévalo de vez en cuando. Al final de la cocción, remuévalo más a menudo para evitar que el chutney se pegue o se queme.
**3.** Retírelo del fuego y déjelo reposar durante 5 minutos. Vierta la mezcla en tarros calientes previamente esterilizados. Enseguida, ciérrelos herméticamente. Una vez fríos, etiquételos y anote la fecha de envasado. Se conserva hasta 12 meses en un lugar fresco y alejado de la luz.

**Nota:** El tiempo de cocción puede variar según el punto de maduración de los tomates.

## Salsa dulce de guindilla

*Tiempo de preparación:* 20 minutos
*Tiempo de cocción:* 35 minutos
*Para 3 tazas*

*8 ó 10 tomates de pera maduros, en trozos*
*2 manzanas verdes grandes, en trozos*
*½ taza de dátiles, en trozos*
*½ taza de uvas pasas*
*½ taza de sultanas*
*1 taza de vinagre blanco*
*1 cucharadita de canela molida*
*1 cucharadita de pimentón molido*
*2 ó 3 guindillas frescas, en trozos*
*½ taza de azúcar moreno, poco firme*

**1.** Mezcle todos los ingredientes, excepto el azúcar, en una cacerola mediana de fondo pesado. Remuévalos hasta que estén bien mezclados. Llévelo a ebullición, baje un poco el fuego y hiérvalo durante 20 minutos, o hasta que la mezcla esté espesa y jugosa.
**2.** Retire la salsa del fuego. Pásela por un tamiz y póngala de nuevo en la cacerola. Añada el azúcar y remuévalo a fuego medio hasta que se haya disuelto. Llévelo de nuevo a ebullición y cuézalo de 10 a 15 minutos más, o hasta que la salsa se haya espesado.
**3.** Con un jarro resistente al calor, vierta la salsa en botellas o tarros calientes previamente esterilizados. Enseguida, ciérrelos herméticamente y déjelos enfriar. Una vez fríos, etiquételos y anote la fecha de envasado.

**Nota:** Si desea que la Salsa dulce de guindilla resulte más espesa y consistente, envásela sin tamizar.

*Chutney de tomate verde (arriba) y Salsa dulce de guindilla*

### CONSEJO

Esta salsa resulta deliciosa tanto si se sirve caliente como fría. La cantidad de guindillas para su preparación varía según el gusto. Esta receta es para una salsa muy suave, aunque si desea que sea más picante, añada más guindillas.

## Salsa de ciruela rápida

*Tiempo de preparación:*
15 minutos
*Tiempo de cocción:*
35 minutos
*Para 1½ tazas, aproximadamente*

*1 cucharadita de clavos de especia enteros*
*1 rama de canela*
*1 hoja de laurel*
*1 cucharadita de granos de pimienta negra enteros*
*1 cucharadita de semillas de mostaza negra*
*825 g de ciruelas negras, escurridas y en trozos*
*1 cebolla mediana, finamente picada*
*½ taza de azúcar moreno, poco firme*
*1½ tazas de vinagre de malta*

1. Ponga los clavos de especia, la rama de canela, la hoja de laurel, los granos de pimienta y las semillas de mostaza sobre un trocito de muselina cuadrado. Átelo con un cordel.
2. Ponga las ciruelas, la cebolla, el azúcar y el vinagre en una cacerola grande de fondo pesado. Remuévalo a fuego lento hasta que se disuelva el azúcar.
3. Ponga la bolsa de muselina en la cacerola. Suba el fuego y llévelo a ebullición. Baje un poco el fuego y hiérvalo de 30 a 35 minutos, o hasta que la salsa se espese.
4. Retírelo del fuego y déjelo enfriar un poco. Póngalo en una picadora y píquelo durante 20 segundos, o hasta que la salsa esté homogénea y no queden trozos grandes de ciruela o cebolla.
5. Vierta la salsa en botellas o tarros calientes previamente esterilizados y, enseguida, ciérrelos herméticamente. Una vez fríos, etiquételos y anote la fecha de envasado. Esta salsa se conserva hasta seis meses en el frigorífico.

## Mermelada de albaricoque y jengibre

*Tiempo de preparación:*
15 minutos + una noche en reposo
*Tiempo de cocción:*
1 hora
*Para 4 tazas*

*500 g de orejones*
*5 tazas de agua*
*200 g de jengibre en almíbar, en rodajas finas*
*3¾ tazas de azúcar, calentado*
*2 cucharadas de zumo de limón*
*½ taza de almendras fileteadas*

1. Ponga los orejones enteros en un bol mediano, cúbralos con agua y déjelos en remojo durante toda la noche.
2. Ponga los orejones y el agua en una cacerola grande de fondo pesado. Llévelo a ebullición, baje el fuego, tápelo y cuézalo durante 15 minutos, o hasta que los orejones estén tiernos.
3. Agregue el jengibre, el azúcar y el zumo a la cacerola. Remuévalo sin parar a fuego lento hasta que se disuelva el azúcar. Llévelo a ebullición, baje un poco el fuego y hiérvalo, sin tapar, de 25 a 30 minutos, o hasta que la mezcla cuaje.
4. Retírelo del fuego y déjelo reposar durante 2 minutos. Añada las almendras y remuévalo. Con una cuchara, ponga la mermelada en tarros calientes previamente esterilizados y, enseguida, tápelos herméticamente. Una vez fríos, etiquételos y anote la fecha de envasado.

## Higos al whisky

*Tiempo de preparación:*
10 minutos
*Tiempo de cocción:*
35 minutos
*Para 3 tazas, aproximadamente*

*500 g de higos secos*
*1½ tazas de té cargado frío*
*½ taza de whisky o ron negro*
*1 rama de canela*
*¼ taza de azúcar moreno, muy firme*
*1 limón*
*1 naranja*

1. Ponga los higos, el té, el whisky o el ron y la rama de canela en una cacerola grande de fondo pesado. Llévelo lentamente a ebullición. Baje el fuego y cuézalo de 25 a 30 minutos, o hasta que los higos estén tiernos y jugosos.
2. Añada el azúcar. Pele el limón y la naranja con un pelador de verduras. Retire la piel blanca y corte la corteza de los cítricos en tiras finas con un cuchillo afilado. Añádala a

*De arriba a abajo: Higos al whisky, Salsa de ciruela rápida y Mermelada de albaricoque y jengibre*

la cacerola y prosiga la cocción durante otros 5 minutos.

**3.** Exprima el limón y la naranja. Incorpore el zumo a la cacerola. Retire la rama de canela. Vierta la mezcla en tarros calientes esterilizados y, enseguida, ciérrelos herméticamente. Una vez fríos, etiquételos y anote la fecha de envasado. Los Higos al whisky se conservan hasta 12 meses en un lugar fresco y alejado de la luz.

# Caramelos y dulces

Dulces como los que presentamos a continuación, deliciosos y hechos en casa, son simplemente irresistibles. Envuélvalos en forma de paquete o dispóngalos en pequeñas cajas de regalo. De esta forma, su bazar adquirirá un toque de distinción y resultarán exquisitos como regalo.

## Caramelos de mantequilla con nueces de Brasil

*Tiempo de preparación:*
10 minutos
*Tiempo de cocción:*
20 minutos
*Para 24 unidades*

*2 tazas de azúcar*
*½ taza de agua*
*2 cucharadas de jarabe de caña*
*125 g de mantequilla sin sal*
*1 cucharada de vinagre blanco*
*2 tazas de nueces de Brasil enteras*

**1.** Forre dos bandejas de horno de 32 x 28 cm con papel parafinado.
**2.** Mezcle el azúcar, el agua, el jarabe de caña, la mantequilla y el vinagre en una cacerola mediana de fondo pesado. Remuévalo a fuego medio, sin que llegue a hervir, hasta que la mantequilla se funda y el azúcar se disuelva. Elimine el azúcar cristalizado adherido a las paredes de la cacerola con un pincel de cocina humedecido. Llévelo a ebullición, baje un poco el fuego y hiérvalo, sin remover, durante unos 20 minutos, o hasta que una cucharadita de la mezcla sumergida en agua fría alcance la fase de caramelo blando. Si utiliza un termómetro para azúcar, la mezcla debe alcanzar una temperatura de 138ºC. Retírelo del fuego de inmediato.
**3.** Con una cuchara de madera, sumerja las nueces enteras en la mezcla de caramelo de mantequilla y colóquelas sobre las bandejas para que se endurezcan. Para conservar estos dulces, dispóngalos en capas separadas por hojas de papel parafinado dentro de un recipiente hermético. Se conservan hasta 7 días a temperatura ambiente.

**Nota:** Si lo desea, en lugar de utilizar nueces de Brasil, puede preparar los caramelos con otra variedad de fruto seco.

*Sorpresas de chocolate con frutos secos (izquierda) y Caramelos de mantequilla con nueces de Brasil*

## Sorpresas de chocolate con frutos secos

*Tiempo de preparación:*
20 minutos
*Tiempo de cocción:*
20 minutos
*Para 50 unidades, aproximadamente*

*100 g de avellanas*
*100 g de anacardos*
*100 g de almendras*
*250 g de chocolate negro, en trozos*
*60 g de chocolate con leche, fundido*

1. Forre una bandeja de horno llana de 32 x 28 cm con papel parafinado o papel de aluminio (en este caso, úntelo con aceite o mantequilla fundida). Precaliente el horno a una temperatura moderada de 180ºC. Disponga los frutos secos en la bandeja. Tuéstelos en el horno durante 10 minutos, o hasta que estén dorados. Déjelos enfriar en la bandeja.
2. Ponga el chocolate negro en un bol refractario pequeño. Introdúzcalo en una cacerola con agua hirviendo y remueva hasta que el chocolate se funda y esté homogéneo. Retírelo del fuego.
3. Junte los tres tipos de frutos secos, por tandas, con un poco de chocolate fundido y deje que se endurezca. Sumerja los grupos en el chocolate fundido para que se empapen por completo. Retírelos con un tenedor, escurra el exceso y póngalos sobre la bandeja. Deje que se endurezcan.
4. Decórelos en forma de zigzag con el chocolate con leche. Guárdelos en un recipiente hermético, en un lugar fresco y alejado de la luz, o en el frigorífico, si la temperatura ambiente es cálida o húmeda.

## Bombones con guindas

*Tiempo de preparación:*
20 minutos
*Tiempo de cocción:*
5 minutos
*Para 50 unidades, aproximadamente*

*250 g de chocolate negro de cobertura, fundido*
*50 cápsulas de papel de aluminio*

***Relleno***
*110 g de chocolate negro, en trozos grandes*
*½ taza de nata espesa o líquida*
*2 cucharadas de licor de café*
*100 g de guindas, en cuartos*

1. Vierta una cucharadita de chocolate fundido en cada cápsula de papel de aluminio. Con un pincel pequeño, cubra el interior de las cápsulas con una capa fina de chocolate, sin dejar ningún hueco libre.
2. Vuelque las cápsulas sobre una rejilla metálica para que se endurezcan. Con una cuchara, ponga el chocolate restante en una manga pastelera pequeña de papel y forme dibujos sobre una hoja de papel parafinado o de aluminio. Déjelo endurecer.
3. ***Para preparar el relleno:*** Ponga el chocolate en un bol refractario pequeño. Introdúzcalo en una cacerola con agua hirviendo y remueva hasta que el chocolate se funda. Añada la nata y el licor; remuévalo hasta que la mezcla esté homogénea.
4. Introduzca un trozo de guinda en el interior de cada cápsula. Con una cuchara, añada también el relleno hasta alcanzar el borde. Golpee las cápsulas suavemente para eliminar las burbujas de aire. Decore los bombones con los dibujos hechos con chocolate. Estos bombones se conservan hasta dos semanas en un lugar fresco y alejado de la luz.

## Caramelos de melaza

*Tiempo de preparación:*
40 minutos
*Tiempo de cocción:*
15–20 minutos
*Para 80 unidades*

*¾ taza de azúcar terciado*
*¼ taza de melaza*
*100 g de mantequilla*
*½ taza de leche condensada*

1. Forre la base y las paredes de un molde llano rectangular de 20 x 30 cm con papel de aluminio, dejando que sobresalgan los bordes. Unte el papel con mantequilla fundida o aceite.
2. Mezcle todos los ingredientes en una cacerola mediana de fondo pesado. Remuévalo a fuego medio, sin que llegue a hervir, hasta que el azúcar se haya disuelto por completo.

*Caramelos de melaza (arriba) y Bombones con guindas*

Llévelo a ebullición y baje un poco el fuego. Remuévalo sin parar de 15 a 20 minutos, o hasta que la mezcla presente un color acaramelado oscuro.
**3.** Vierta la mezcla en el molde y alise la superficie. Con un cuchillo afilado de hoja plana, márquela en forma de cuadrados. Póngala sobre una rejilla metálica para que se enfríe. Cuando esté totalmente endurecida, divídala en cuadrados.

**Nota:** Los Caramelos de melaza se conservan hasta tres semanas en un sitio fresco y alejado de la luz, en el interior de un recipiente hermético. Si la temperatura ambiente es cálida, guárdelos en el frigorífico.

## Trufas de chocolate

*Tiempo de preparación:*
15 minutos
*Tiempo de cocción:*
5 minutos
*Para 30 unidades*

*200 g de chocolate negro, en trozos grandes*
*30 g de mantequilla*
*2 cucharadas de nata espesa o líquida*
*1½ tazas de barquillos de chocolate, desmenuzados*
*2 ó 3 cucharaditas de ron negro*
*2 ó 3 cucharaditas de Kirsch*
*100 g de chocolate negro, rallado*
*100 g de chocolate blanco, rallado*

**1.** En una cacerola pequeña, funda el chocolate, la mantequilla y la nata a fuego lento, hasta que el chocolate se haya derretido y la mezcla esté homogénea.
**2.** Añada los barquillos desmenuzados y remueva con suavidad para mezclarlo bien. Reparta la mezcla en dos cuencos. Añada el ron en uno y el Kirsch en el otro; mézclelo bien. Guarde ambas mezclas en el frigorífico de 5 a 10 minutos, o hasta que estén bastante firmes para modelarlas.
**3.** Forme bolas con ambas mezclas por separado, utilizando 2 cucharaditas rasas para cada una.
Reboce las bolas de ron con el chocolate negro rallado y las de Kirsch con el blanco. Guárdelas en cápsulas de papel, entre hojas de papel parafinado y en el interior de un recipiente hermético.
Las Trufas de chocolate se conservan hasta dos semanas en el frigorífico.

**Nota:** Si lo desea, puede rebozar las trufas con una mezcla de chocolate rallado y cacao en polvo tamizado.

## Dulces de miel

*Tiempo de preparación:*
10 minutos +
1½ horas en reposo
*Tiempo de cocción:*
20 minutos
*Para 28 unidades, aproximadamente*

*1½ tazas de azúcar*
*¼ taza de glucosa líquida*
*1 cucharada de jarabe de caña*
*½ taza de agua*
*2 cucharaditas de bicarbonato de sosa*

**1.** Forre la base y las paredes de un molde rectangular de 28 x 18 cm con papel de aluminio y úntelo con aceite o mantequilla fundida.
**2.** Mezcle el azúcar, la glucosa, el jarabe de caña y el agua en una cacerola grande de fondo pesado. Remuévalo a fuego medio, sin que llegue a hervir, hasta que el azúcar se disuelva por completo. Elimine el azúcar cristalizado de las paredes de la cacerola con un pincel de cocina humedecido. Llévelo a ebullición, baje el fuego y hiérvalo sin remover de 6 a 8 minutos, o hasta que la mezcla empiece a adquirir un tono dorado. Retírelo del fuego de inmediato.
**3.** Con rapidez, añada el bicarbonato a la mezcla de azúcar. Remuévalo con suavidad con una cuchara de madera hasta que empiece a burbujear, aumente de volumen y el bicarbonato se haya disuelto por completo. No lo remueva en exceso para evitar que disminuya de volumen.
**4.** Vierta la mezcla con cuidado en el molde y déjela en reposo durante 1½ horas. Sáquela del molde, retire el papel de aluminio y trocéela. Guarde los Dulces de miel en un recipiente hermético, entre hojas de papel parafinado.

**CONSEJO**
Los Dulces de miel pueden bañarse en chocolate fundido. Si lo desea, decórelos con chocolate fundido con la ayuda de una manga pastelera.

*Dulces de miel (arriba) y Trufas de chocolate*

## Delicia turca

*Tiempo de preparación:*
20 minutos
*Tiempo de cocción:*
20 minutos
*Para 36 unidades*

*300 ml de agua hirviendo*
*la corteza de 1 naranja*
*la corteza de 1 limón*
*2 cucharadas de gelatina*
*2 tazas de azúcar*
*¼ taza de zumo de naranja*
*2 cucharadas de agua de rosas*
*colorante alimentario de color rojo*
*¾ taza de azúcar glas, tamizado*

**1.** Humedezca un molde cuadrado de 20 cm con agua y forre la base con papel parafinado. Ponga la mitad del agua hirviendo y la corteza de los cítricos en una cacerola mediana. Llévelo a ebullición, baje el fuego y hiérvalo durante 10 minutos.
**2.** En un bol pequeño, mezcle la gelatina y el resto de agua. Remuévalo con un tenedor hasta que la gelatina se disuelva por completo.
**3.** Añada el azúcar, la mezcla de gelatina, el zumo y el agua de rosas a la cacerola. Baje el fuego y remuévalo hasta que se disuelva el azúcar. Llévelo a ebullición y hiérvalo a fuego lento durante 10 minutos. Retírelo del fuego. Agregue unas gotas de colorante rojo y mézclelo bien.
**4.** Extienda la mezcla sobre el molde humedecido. Déjela enfriar y reposar durante toda la noche a temperatura ambiente. Espolvoree una hoja de papel parafinado con azúcar glas. Pase la Delicia turca por el azúcar y córtela en 36 porciones con un cuchillo de hoja plana empapado con azúcar glas. Espolvoree los trozos con más azúcar. Se conserva hasta un mes en el frigorífico, en el interior de un recipiente hermético.

## Dulce de azúcar con caramelo y chocolate

*Tiempo de preparación:*
20 minutos
*Tiempo de cocción:*
20 minutos
*Para 36 unidades*

*2 tazas de azúcar*
*1 taza de leche*
*⅔ taza de nata espesa o líquida*
*¼ taza de jarabe de maíz claro*
*1 cucharadita de esencia de vainilla*
*80 g de chocolate negro para cocinar, en trozos*

**1.** Forre la base y las paredes de un molde hondo cuadrado de 20 cm con papel de aluminio y úntelo con mantequilla fundida o aceite.
**2.** Mezcle el azúcar, la leche, la nata y el jarabe de maíz en una cacerola grande de fondo pesado. Remuévalo a fuego medio, sin que llegue a hervir, hasta que el azúcar se disuelva por completo. Elimine el azúcar cristalizado de las paredes de la cacerola con un pincel de cocina humedecido. Llévelo a ebullición, baje un poco el fuego y hiérvalo durante 15 minutos sin remover, o hasta que una cucharadita de la mezcla sumergida en agua fría alcance la fase de bola blanda. Si utiliza un termómetro para azúcar, la mezcla debe alcanzar una temperatura de 115ºC. Retírelo enseguida del fuego.
**3.** Deje enfriar la mezcla durante 5 minutos. Añada la esencia de vainilla y bátalo enérgicamente con una cuchara de madera durante 5 minutos, o hasta que la mezcla empiece a espesarse y pierda brillo. Viértala en el molde y alise la superficie. Déjela sobre una rejilla metálica para que se enfríe.
**4.** Ponga el chocolate en un bol refractario pequeño. Introdúzcalo en una cacerola con agua hirviendo y remueva hasta que el chocolate se haya derretido y la mezcla esté homogénea. Déjelo enfriar un poco. Extienda de manera uniforme el chocolate sobre el dulce de azúcar con un cuchillo de hoja plana. Déjelo reposar hasta que esté firme y, a continuación, sáquelo del molde. Retire el papel de aluminio con cuidado y corte el dulce en cuadrados. El Dulce de azúcar con caramelo y chocolate se conserva hasta dos semanas en un recipiente hermético, en un lugar fresco y alejado de la luz.

*Delicia turca (arriba) y Dulce de azúcar con caramelo y chocolate*

## Caramelos duros

*Tiempo de preparación:*
15 minutos
*Tiempo de cocción:*
15 minutos
*Para 49 unidades*

*1 taza de azúcar*
*90 g de mantequilla*
*2 cucharadas de jarabe de caña*
*⅓ taza de glucosa líquida*
*½ taza de leche condensada*
*250 g de chocolate negro, en trozos*

**1.** Unte la base y las paredes de un molde cuadrado de 20 cm con mantequilla fundida o aceite y fórrelas con papel parafinado. Unte también el papel. Mezcle el azúcar, la mantequilla, el jarabe de caña, la glucosa y la leche condensada en una cacerola mediana de fondo pesado. Remuévalo a fuego medio, sin que llegue a hervir, hasta que la mantequilla se derrita y el azúcar se disuelva por completo. Elimine el azúcar cristalizado de las paredes de la cacerola con un pincel de cocina humedecido.

**2.** Llévelo a ebullición, baje un poco el fuego y hiérvalo, removiendo, de 10 a 15 minutos, o hasta que una cucharadita de la mezcla sumergida en agua fría alcance la fase de bola dura. Si utiliza un termómetro para azúcar, la mezcla debe alcanzar una temperatura de 122ºC.

**3.** Retire la mezcla del fuego de inmediato. Viértala en el molde y deje que se enfríe. Cuando el caramelo esté todavía tibio, márquelo en forma de cuadrados con un cuchillo untado con aceite. Una vez frío, córtelo.

**4.** Forre dos bandejas de horno de 32 x 28 cm con papel de aluminio. Ponga el chocolate en un bol refractario pequeño. Introdúzcalo en una cacerola con agua hirviendo y remuévalo hasta que esté homogéneo. Retírelo del fuego y deje que se enfríe un poco. Con dos tenedores, sumerja los caramelos, de uno en uno, en el chocolate para naparlos bien. Retírelos, escurra el exceso de chocolate y dispóngalos sobre las bandejas. Déjelos reposar hasta que se endurezcan.

Los Caramelos duros se conservan hasta cuatro semanas guardados en un recipiente hermético, en un lugar fresco y alejado de la luz.

**CONSEJO**
Si lo prefiere, no es necesario que bañe los caramelos en chocolate. Puede decorarlos con unas gotas de chocolate o con un dibujo hecho con una manga pastelera. Si la temperatura ambiente es cálida, utilice chocolate de cobertura, ya que se endurecerá más pronto y será más fácil trabajarlo.

*Caramelos duros*

*1. Elimine el azúcar cristalizado de las paredes de la cacerola con un pincel de cocina humedecido.*

*2. Cuando al sumergir la mezcla en agua, ésta alcance la fase de bola dura, retírela del fuego.*

*3. Con la mezcla aún tibia, márquela en forma de cuadrados con un cuchillo untado en aceite.*

*4. Con dos tenedores, sumerja los caramelos, de uno en uno, en el chocolate fundido.*

# Sólo para niños

Seguro que estas delicias llenas de colorido, divertidas de preparar y exquisitas al paladar captan la atención de los más pequeños. No cabe duda de que causarán sensación en el bazar y ayudarán a preparar una fiesta infantil fantástica.

## Ratones y gatos

*Tiempo de preparación:*
40 minutos
*Tiempo de cocción:*
20 minutos
*Para 12 unidades*

*125 g de mantequilla*
*1 cucharadita de ralladura fina de naranja*
*¾ taza de azúcar extrafino*
*2 huevos, poco batidos*
*2 tazas de harina de fuerza*
*½ taza de leche*

***Cobertura***
*125 g de mantequilla*
*2 tazas de azúcar glas, tamizado*
*2 cucharadas de leche*
*colorante alimentario*
*golosinas surtidas, para decorar*

**1.** Precaliente el horno a una temperatura de 180ºC. Unte dos moldes para magdalenas de 6 unidades, con una capacidad de ½ taza cada una, con mantequilla fundida o aceite. Con una batidora eléctrica, bata la mantequilla, la ralladura y el azúcar en un cuenco pequeño hasta que la mezcla esté ligera y cremosa. Añada los huevos de forma gradual, batiendo bien cada vez.
**2.** Ponga la mezcla en un cuenco grande. Añada la harina tamizada en alternancia con la leche, mezclándolo con una cuchara metálica grande. Remuévalo hasta que esté mezclado y homogéneo.
**3.** Con una cuchara, llene dos tercios de cada uno de los 12 moldes con la mezcla. Hornee los pasteles durante 20 minutos, o hasta que estén un poco dorados, y vuélquelos sobre una rejilla metálica para que se enfríen. Una vez fríos, unte la parte superior con la cobertura y decórelos con las golosinas para formar las caras.
**4.** ***Para preparar la cobertura:*** Con una batidora eléctrica, bata la mantequilla en un cuenco pequeño hasta que esté ligera y haya aumentado de volumen. Añada el azúcar glas y la leche, y bátalo hasta que esté homogéneo. Con el colorante, tiña las porciones de la cobertura de colores diferentes.

*Ratones y gatos (arriba) y Palomitas bañadas en caramelo*

## Palomitas bañadas en caramelo

*Tiempo de preparación:* 10 minutos
*Tiempo de cocción:* 30 minutos
*Para 9 tazas*

*2 cucharadas de aceite*
*⅓ taza de maíz para palomitas*
*¾ taza de azúcar moreno*
*90 g de mantequilla*
*¼ taza de jarabe de maíz claro*
*¼ cucharadita de bicarbonato de sosa*
*¼ cucharadita de esencia de vainilla*
*1 taza de cacahuetes tostados con sal*
*¾ taza de sultanas*

**1.** Precaliente el horno a una temperatura moderada de 180ºC. Forre una bandeja de horno de 32 x 28 cm con papel de aluminio. Caliente el aceite a fuego lento en una cacerola mediana de fondo pesado. Esparza el maíz sobre la base de la cacerola en una sola capa. Tápela con una tapadera ajustada y deje que el maíz salte (no más de 4 minutos). Retire la cacerola del fuego y disponga las palomitas sobre la bandeja forrada con papel de aluminio para que se enfríen.
**2.** Mezcle el azúcar, la mantequilla y el jarabe de maíz en una cacerola pequeña de fondo pesado. Remuévalo con mucho cuidado a fuego lento durante 5 minutos, o hasta que se disuelva el azúcar. Acople un termómetro para azúcar en la pared de la cacerola. Cuézalo sin tapar durante 5 minutos, o hasta que el termómetro alcance los 120ºC (fase de bola dura). Remuévalo de vez en cuando.
**3.** Retire la cacerola del fuego y el termómetro. Añada el bicarbonato y la esencia de vainilla a la mezcla de caramelo y remuévalo. Viértalo sobre las palomitas, removiendo para que queden bien cubiertas. Hornéelo durante 5 minutos, remueva las palomitas y prosiga la cocción durante otros 5 minutos. Retírelo del horno, añada los cacahuetes y las sultanas, y déjelo enfriar.
**4.** Parta las Palomitas bañadas en caramelo en trozos. Guárdelas dentro de un recipiente hermético, en un lugar fresco.

## Orugas y caracoles escalofriantes

*Tiempo de preparación:* 25 minutos
*Tiempo de cocción:* 55–60 minutos
*Para 25 unidades*

*4 claras de huevo*
*1 taza de azúcar extrafino*
*colorante alimentario de color verde y rojo*
*regalices y golosinas surtidas, para decorar*

**1.** Precaliente el horno a una temperatura de 120ºC. Unte dos bandejas de horno con mantequilla fundida o aceite y fórrelas con papel parafinado. Ponga las claras de huevo en un cuenco grande y seco. Bátalas con una batidora eléctrica hasta que estén a punto de nieve.
**2.** Añada el azúcar de manera gradual, sin dejar de batir hasta que la mezcla esté espesa y brillante, y el azúcar se disuelva. Divida el merengue en dos partes iguales y póngalo en boles. Añada unas gotas de colorante verde en un bol y unas gotas de rojo en el otro. Bátalo hasta mezclarlo bien.
**3.** Con una cuchara, ponga las dos mezclas de merengue en mangas pasteleras diferentes, con una boquilla redonda lisa de 1 cm. Forme las orugas, de unos 8 ó 10 cm de longitud, con el merengue verde, sobre los moldes. Forme los caracoles con el merengue rosa. Decore las figuritas con dulces variados para formar las caras. Hornéelas de 55 a 60 minutos, o hasta que el merengue esté crujiente. Apague el horno pero no retire las figuritas hasta que se enfríen por completo. Retírelas del horno y guárdelas con cuidado en un recipiente hermético.

**CONSEJO**
Tiña las orugas y los caracoles del color que desee. Forme las caras con dulces variados (trocitos de chocolate o gominolas para los ojos; serpientes de gelatina troceadas para los ojos y las bocas; palitos de regaliz para las antenas).

*Orugas y caracoles escalofriantes*

Bakeshop
CAKES
PASTRIES

*1. Corte cada trozo de pastel en tres círculos, evitando el borde dorado de la parte exterior.*

*2. Con la mezcla de mantequilla reservada, pegue el chocolate en los extremos de cada pastel.*

## Ranas verdes

*Tiempo de preparación:*
55 minutos
*Tiempo de cocción:*
Ninguno
*Para 9 unidades*

*450 g de pastel cuatro cuartos, ya preparado*
*100 g de mantequilla*
*⅔ taza de azúcar glas, tamizado*
*2 cucharaditas de leche*
*colorante alimentario de color rojo*
*esencia de vainilla o fresa*
*9 discos de chocolate, por la mitad*
*golosinas variadas para decorar (regalices de diferentes tipos)*

***Cobertura***
*3 tazas de azúcar glas*
*5 cucharadas de agua hirviendo*
*2 cucharaditas de gelatina*
*colorante alimentario de color verde en polvo, pasta o líquido*

**1.** Corte el pastel en tres trozos longitudinales. Con un cortapastas redondo liso de 6 cm de diámetro, corte tres círculos en cada uno de los trozos, evitando el borde dorado de la parte exterior.

**2.** Con una batidora eléctrica, bata la mantequilla en un cuenco mediano hasta que esté homogénea. Añada el azúcar glas y la leche, y siga batiendo hasta que la mezcla esté ligera y cremosa. Tíñala con el colorante rojo hasta obtener un color rosa pálido y añada la esencia. Mézclelo bien. Extienda uniformemente montoncitos de la mezcla sobre la parte superior de cada círculo de pastel. Reserve 1 cucharada de la mezcla. Recorte los bordes de los círculos con un cuchillo afilado, en diagonal y de manera que queden más anchos en la parte inferior que en la superior. Pegue los discos de chocolate partidos por la mitad a ambos lados de los pasteles con la mezcla de mantequilla reservada. Ponga los pasteles en una bandeja y guárdelos en el frigorífico de 2 a 3 horas, o hasta que estén firmes.

***Para preparar la cobertura:*** Tamice el azúcar glas sobre un cuenco grande. Forme un hueco en el centro. Ponga 2 cucharadas del agua en un bol pequeño. Vierta la gelatina encima y remuévalo con cuidado hasta que se disuelva. Añada la mezcla al agua restante. Viértalo en el cuenco con el azúcar glas y remuévalo hasta que la mezcla esté homogénea y sin grumos. Tiña la mezcla con el colorante verde y mézclelo.

**3.** Disponga un pastel sobre la parte lisa de un tenedor. Con una cuchara, báñelo con la cobertura, dejando que el exceso de líquido caiga sobre el bol (asegúrese de que queda recubierto por completo). Póngalo sobre una rejilla metálica con la ayuda de un cuchillo para liberar el pastel del tenedor.

**4.** Forme los ojos y los pies de las ranas con regaliz. Con cuidado, corte las bocas con un cuchillo afilado de hoja puntiaguda. Deje que se endurezcan por completo.

*Ranas verdes*

*3. Sostenga el pastel con la parte lisa de un tenedor y báñelo con la cobertura.*

*4. Forme los ojos y los pies de las ranas con regalices.*

## Pastelitos de coco

*Tiempo de preparación:*
20 minutos
*Tiempo de cocción:*
Ninguno
*Para 30 unidades*

*2 tazas de azúcar glas*
*¼ cucharadita de crémor tártaro*
*400 g de leche condensada*
*3½ tazas de coco rallado*
*2 ó 3 gotas de colorante alimentario de color rosa*

**1.** Unte un molde cuadrado de 20 cm con mantequilla fundida o aceite. Forre la base con papel parafinado.
**2.** Tamice el azúcar glas y el crémor tártaro sobre un cuenco grande. Forme un hueco en el centro y añada la leche condensada. Agregue la mitad del coco y remuévalo con una cuchara de madera. Cuando esté mezclado, añada el coco restante. Trabaje la mezcla con las manos hasta que esté homogénea.
**3.** Divida la mezcla en dos partes iguales. Tiña una de ellas con el colorante y amásela con la mano para repartir uniformemente el color.
**4.** Presione la mezcla rosa sobre la base del molde. Cúbrala con la mezcla blanca y presione toda la superficie con firmeza. Resérvelo en el frigorífico durante 1 hora, o hasta que esté firme. Retírelo del molde y córtelo en cuadrados o barritas. Se conserva de dos a tres semanas en un lugar fresco y alejado de la luz, en el interior de un recipiente hermético.

## Manzanas caramelizadas

*Tiempo de preparación:*
10 minutos
*Tiempo de cocción:*
20 minutos
*Para 12 unidades*

*12 manzanas rojas o verdes pequeñas, muy crujientes*
*4 tazas de azúcar*
*2 tazas de agua*
*2 cucharadas de vinagre blanco*
*colorante alimentario de color rojo o verde*

**1.** Forre dos bandejas de horno de 32 x 28 cm con papel de aluminio y úntelo con aceite o mantequilla fundida.
**2.** Frote bien las manzanas con un paño limpio y seco. Introduzca con firmeza un palito de helado de madera o una brocheta gruesa en la parte inferior de cada manzana.
**3.** Mezcle el azúcar, el agua y el vinagre en una cacerola grande de fondo pesado. Remuévalo a fuego medio, sin que llegue a hervir, hasta que se disuelva el azúcar. Elimine el azúcar cristalizado de las paredes de la cacerola con un pincel de cocina humedecido. Añada el colorante. Llévelo a ebullición, baje un poco el fuego y hiérvalo sin remover durante unos 15 minutos, o hasta que una cucharadita de la mezcla sumergida en agua fría alcance la fase de caramelo blando. Si utiliza un termómetro para azúcar, la mezcla debe alcanzar una temperatura de 138ºC. Retírelo del fuego de inmediato.
**4.** Introduzca las manzanas, de una en una, en el caramelo para que queden bien cubiertas. Retírelas y gírelas con rapidez para que el caramelo se reparta uniformemente. Escúrralas y póngalas sobre las bandejas de horno. Déjelas endurecer a temperatura ambiente. Una vez firmes, envuelva cada manzana con celofán y átelo con cinta. Las Manzanas caramelizadas se conservan hasta dos días.

*Manzanas caramelizadas (arriba) y Pastelitos de coco*

> **CONSEJO**
> Es importante que las manzanas estén a temperatura ambiente al bañarlas en el caramelo caliente. Si estuvieran demasiado frías, se formarían burbujas en la superficie del caramelo.

## Ratones de mazapán

*Tiempo de preparación:*
20 minutos + refrigeración
*Tiempo de cocción:*
Ninguno
*Para 16 unidades*

*200 g de harina de almendra*
*1 taza de azúcar glas, tamizado*
*1 clara de huevo*
*esencia de almendra, opcional*
*32 perlitas de azúcar de colores*
*16 pasas de Corinto*
*cinta de rizar de colores*

**1.** Mezcle la harina de almendra y el azúcar glas en un cuenco mediano. Forme un hueco en el centro. Añada la clara de huevo y remuévalo con una cuchara de madera hasta que esté bien mezclado. Si lo desea, agregue la esencia de almendra. Disponga la mezcla sobre la superficie de trabajo y amásela durante 5 minutos, hasta que esté bastante seca y homogénea. Envuélvala en film transparente y guárdela en el frigorífico durante 10 minutos.

**2.** Divida el mazapán en 16 porciones iguales. Forme una bola con cada una de ellas. Retire dos trozos pequeños para formar las orejas. Moldee el mazapán restante en forma alargada, afilando uno de los extremos para formar la cara. Ponga dos perlitas en la parte frontal para los ojos.

**3.** Haga dos cortes pequeños para las orejas. Extienda el mazapán reservado, moldéelo en forma de orejas e introdúzcalo en los cortes. Con una pasa, forme la nariz.

**4.** Haga otro corte en la parte posterior del ratón e introduzca un trozo de cinta del mismo color que los ojos. Deje secar las figuritas durante dos días. Se conservan hasta cuatro semanas en el frigorífico, en el interior de un recipiente hermético.

*Ratones de mazapán*

*1. Añada la clara de huevo a la almendra y el azúcar, y mézclelo con una cuchara de madera.*

*2. Afile un extremo de un trozo alargado de mazapán para formar la cara del ratón.*

*3. Introduzca el mazapán reservado en los cortes para formar las orejas.*

*4. Ponga un trozo de cinta de colores en la parte posterior del ratón para formar la cola.*

## Palomitas arco iris

*Tiempo de preparación:*
10 minutos
*Tiempo de cocción:*
15 minutos
*Para 4 tazas, aproximadamente*

*2 cucharadas de aceite*
*½ taza de maíz para palomitas*
*1½ tazas de azúcar*
*50 g de mantequilla*
*½ taza de agua*
*2 ó 3 gotas de colorante alimentario rojo*
*2 ó 3 gotas de colorante alimentario verde*
*2 ó 3 gotas de colorante alimentario amarillo*

**1.** Precaliente el horno a una temperatura moderada de 180ºC. Caliente el aceite en una cacerola grande. Añada el maíz, tape la cacerola y cuézalo a fuego medio. Mantenga la tapadera bien sujeta y agite la cacerola de vez en cuando. Cuando el maíz deje de saltar, reserve las palomitas.
**2.** Mezcle el azúcar, la mantequilla y el agua en una cacerola pequeña de fondo pesado. Remuévalo a fuego medio hasta que se disuelva el azúcar. Elimine el azúcar cristalizado de las paredes de la cacerola con un pincel de cocina humedecido. Llévelo a ebullición y cuézalo, sin remover, durante 5 minutos.
**3.** Retire la cacerola del fuego. Reparta el caramelo en tres partes iguales y póngalo en cuencos pequeños. Añada un colorante diferente a cada uno de ellos y remuévalo hasta que esté mezclado y el color uniforme. Divida las palomitas en tres partes iguales. Vierta los diferentes tipos de caramelo sobre las palomitas, por tandas, hasta que queden bien cubiertas.
**4.** Ponga las palomitas en una bandeja de horno y hornéelas durante 5 minutos, o hasta que se hayan separado y cristalizado. Páselas a un cuenco grande y sacúdalas para mezclar los colores. Sírvalas el mismo día de la preparación, o guárdelas hasta dos días en un recipiente hermético.

## Cucuruchos sorpresa

*Tiempo de preparación:*
20 minutos
*Tiempo de cocción:*
20 minutos
*Para 20 unidades*

*1 taza de azúcar*
*¼ taza de agua*
*3 cucharaditas de gelatina*
*1 cucharada de agua hirviendo*
*3 claras de huevo*
*20 cucuruchos de helado pequeños redondos o cuadrados, de colores*
*golosinas variadas para decorar*
*¼ taza de bolitas de colores*

**1.** Mezcle el azúcar y el agua en una cacerola mediana de fondo pesado. Remuévalo a fuego bajo, sin que llegue a hervir, hasta que el azúcar se disuelva por completo. Llévelo a ebullición y baje el fuego al mínimo. Hiérvalo durante 4 minutos. Mezcle la gelatina y el agua hirviendo en un cuenco pequeño, y remuévalo hasta que se disuelva la gelatina. Añádalo a la cacerola con el almíbar. Cuézalo durante un minuto más.
**2.** Bata las claras de huevo en un cuenco grande hasta que estén a punto de nieve. Agregue el almíbar caliente de forma gradual y sin dejar de batir, dejándolo caer en un hilo fino. Siga batiendo de 10 a 15 minutos, o hasta que la mezcla esté espesa, brillante y fría. La mezcla deberá tener suficiente consistencia como para poder modelarla con la manga pastelera.
**3.** Ponga los cucuruchos sobre una bandeja de horno. Cubra las bases con golosinas variadas. Con una cuchara, introduzca la mezcla en una manga pastelera con boquilla redonda acanalada de 1 cm. Rellene bien los cucuruchos con la mezcla en forma de remolino. Extienda las bolitas sobre una hoja de papel parafinado y, con suavidad, empape con ellos la mitad de la parte superior de las nubes de azúcar. Adorne la otra mitad con un trozo de regaliz o una mora de gelatina. Déjelo endurecer durante toda la noche.
Los Cucuruchos sorpresa se conservan hasta dos días en un recipiente hermético.

*Palomitas arco iris (arriba) y Cucuruchos sorpresa*

# Índice

*Los números de página en cursiva indican las fotografías*

Portada: Vinagre de hierbas (pág. 32), Pastelitos con caramelo (pág. 22), Manzanas caramelizadas (pág. 59), Mermelada de cítricos (pág. 34), Caramelos de mantequilla con nueces de Brasil (pág. 42), Tartaletas de limón (pág. 12), Pastelitos de coco (pág. 59)